MÉMOIRES
PRÉSENTÉS PAR DIVERS SAVANTS
À L'ACADÉMIE DES SCIENCES DE L'INSTITUT DE FRANCE.
EXTRAIT DU TOME XXX.

MISSION D'ANDALOUSIE.

MÉMOIRE
SUR
LA CONSTITUTION GÉOLOGIQUE
DU SUD DE L'ANDALOUSIE,
DE LA SIERRA TEJEDA À LA SIERRA NEVADA,
PAR
MM. CHARLES BARROIS ET ALBERT OFFRET.

PARIS.
IMPRIMERIE NATIONALE.
—
M DCCC LXXXVII.

MISSION D'ANDALOUSIE.

Directeur de la Mission : M. F. FOUQUÉ,
MEMBRE DE L'INSTITUT;

Collaborateurs : MM. Michel Lévy, Marcel Bertrand, Charles Barrois, Offret, Kilian, Bergeron et Bréon.

ÉTUDES
RELATIVES
AU
TREMBLEMENT DE TERRE DU 25 DÉCEMBRE 1884.

MÉMOIRES

PRÉSENTÉS PAR DIVERS SAVANTS

À L'ACADÉMIE DES SCIENCES DE L'INSTITUT DE FRANCE.

EXTRAIT DU TOME XXX.

MISSION D'ANDALOUSIE.

MÉMOIRE
SUR

LA CONSTITUTION GÉOLOGIQUE
DU SUD DE L'ANDALOUSIE,
DE LA SIERRA TEJEDA À LA SIERRA NEVADA,

PAR

MM. CHARLES BARROIS ET ALBERT OFFRET.

PARIS.

IMPRIMERIE NATIONALE.

M DCCC LXXXVII.

MÉMOIRE

SUR

LA CONSTITUTION GÉOLOGIQUE DU SUD DE L'ANDALOUSIE,

DE LA SIERRA TEJEDA À LA SIERRA NEVADA.

INTRODUCTION.

Les vallées qui ont valu à l'Andalousie sa réputation enchantée et son ancien nom de « Jardin des Hespérides » doivent leur existence même à tout un réseau de montagnes qui les abritent des vents froids du nord et leur assurent en même temps une humidité suffisante. Elles constituent la serre chaude de l'Europe, exposée aux seuls courants atmosphériques venus du continent africain.

Ces montagnes portent un grand nombre de noms différents : la chaîne la plus occidentale est la serrania de Ronda; elle se continue à l'est, par les massifs des sierras Tejeda, de Alhama, Almijara, vers la haute sierra Nevada, et enfin la sierra de Baza, la plus orientale dont nous ayons abordé l'étude. Dans leur ensemble, elles forment la chaîne bétique, qui sépare le bassin du Guadalquivir du bassin méditerranéen.

Les découpures profondes qui partagent ces montagnes en un certain nombre de segments, que nous venons d'énumérer, ne sont pas de simples divisions superficielles, *barrancos* ou bassins dus à l'action des agents atmosphériques, aux eaux superficielles; la chaîne bétique a été ployée de force, elle a été brisée, postérieurement à l'époque triasique, en divers tronçons qui ont joué les uns sur les autres et dont les dénudations tertiaires et post-tertiaires n'ont fait qu'accentuer les limites.

Pour la description, nous avons cru préférable de grouper ces chaînes en deux massifs distincts, formant l'objet de deux chapitres spéciaux : le massif de Velez Malaga, comprenant les sierras Tejeda, de Alhama, Almijara, et le massif de la sierra Nevada, avec les Alpujarras, qui en forment les contreforts naturels vers le sud.

Nous avons été puissamment aidés dans cette étude par les cartes géologiques de M. de Botella, ainsi que par les cartes géologiques inédites des provinces de Malaga et de Grenade, au 1/400,000, dressées par M. Gonzalo y Tarin et libéralement communiquées à la Mission par le directeur de la carte géologique d'Espagne, M. Manuel Fernandez de Castro.

PREMIÈRE PARTIE.
STRATIGRAPHIE.

CHAPITRE PREMIER.
DESCRIPTION GÉOLOGIQUE DES MONTS DE VELEZ MALAGA.

C'est entre les deux grands massifs montagneux de la sierra Nevada et de la serrania de Ronda, points d'arrêt à l'est et à l'ouest des mouvements ondulatoires du tremblement de terre, que nous limitons les chaînes de Velez Malaga. Cette région est essentiellement constituée par une crête montagneuse dirigée N.O. à S.E., qui s'étend de Zafarraya à la mer, par les sierras Tejeda, de Alhama et Almijara, correspondant ainsi à la limite des provinces de Malaga et de Grenade. Au nord-est de cette crête se trouvent les terrains secondaires et tertiaires décrits par MM. Bertrand et Kilian; au sud-ouest on descend jusqu'à la côte dans la fertile région de Velez Malaga.

Cette partie de la côte andalouse est essentiellement formée de micaschistes et de schistes micacés, chargés de divers silicates alumineux anhydres rappelant exactement ceux de la sierra Nevada. Les sierras qui l'abritent contre les vents du nord sont formées de crêtes escarpées, généralement calcaires, de rochers nus ou couverts de pins (sierra Almijara)[1], à contours abrupts, heurtés, et découpées par des ravins immenses, des gorges profondes. Elles constituent un massif sauvage, dont les cimes s'élèvent jusqu'à 1,832 mètres à la Nava Chica; on peut y monter une journée entière sans fouler d'autres roches que des dolomies blanches, plus ou moins pulvérulentes ou compactes.

[1] Voir la planche XII.

La Commission de la carte géologique d'Espagne, dirigée par M. de Castro, a rapporté au terrain laurentien les dolomies qui forment l'axe des sierras Tejeda et Almijara, et indiqué leur gisement en dessous des micaschistes de la côte andalouse. Ces roches primitives seraient recouvertes, au nord de Torrox, par des schistes micacés cambriens, où elle signale : *Palæophycus, Eophyton Linneanum*[1].

La région des Alpujarras montrera d'une manière constante, au-dessus des schistes cristallins, la succession de quatre étages que nous désignons par les noms suivants :

    D Étage des dolomies blanches de Lentegi ;
    C Étage des calcaires bleus de Gador ;
    B Étage des schistes, gypses, calcaires jaunes, quartzites d'Albuñol ;
    A Étage des schistes satinés de Motril.

Nous décrirons successivement de l'est à l'ouest les différentes coupes relevées dans le massif de Velez Malaga.

Les Guajaras. — La route de Velez de Benandalla à Almuñecar montre dans les gorges des Guajaras des schistes satinés et des calcaires diversement plissés que nous considérons comme la continuation de ceux des Alpujarras. Ces calcaires dolomitiques gris-blanchâtre ressemblent beaucoup, suivant la remarque de M. Gonzalo y Tarin[2], aux calcaires primitifs de la sierra Almijara, dont il devient ainsi difficile de les séparer sur le terrain.

Vers Molvizar, schistes satinés avec lits minces de quartzite, de calcaire (des étages de Motril et d'Albuñol), inclinés S.O. A Molvizar, on arrive sur les micaschistes et les schistes cristallins à andalousite ; la vallée de Molvizar correspond à une grande faille, située sur le prolongement de celle qui est tracée sur nos coupes des environs de Motril. De Molvizar à Salobreña et Almuñecar, micaschistes à mica blanc, biotite, grenat, andalousite ; MM. Michel

---

[1] *Terremotos de Andalucia* (*Informe de la Comision*, Madrid, mars 1885, p. 23-26).

[2] Gonzalo y Tarin, *Descripc. de la prov. de Granada* (*Bol. Com. mapa geol. de España*, t. VIII, 1881, p. 23).

Lévy et Bergeron y signalent en outre le disthène; les inclinaisons, très variables, sont en général N. E. et S. O.

Au delà, on passe sur des lits de dolomie et de quartzite épidotifère, alternant avec des micaschistes; puis on arrive à Almuñecar sur une masse puissante de marbres et de dolomies gris-bleu ou noirâtres, à inclinaison dominante N. E., comme l'avait reconnu M. Gonzalo y Tarin[1]. Cette dolomie forme la grande masse connue sous le nom de Vueltas de Almuñecar, où la route escarpée décrit tant de lacets jusqu'au delà de la Herradura.

Coupe de la sierra Almijara, de Motril à Jayena. — Cette coupe montre, dans presque toute son étendue, des schistes satinés et des calcaires dolomitiques, que nous assimilons à ceux que l'on retrouve beaucoup mieux développés à l'est dans les Alpujarras. Des schistes satinés de Molvizar, on passe vers Itrabo sur des calcaires gris-bleu compacts, dolomitiques (étage de Gador), inclinés S. O. Ils forment un pli synclinal, et Itrabo est construit sur les schistes satinés et schistes quartziteux des étages d'Albuñol et de Motril, à inclinaisons très variables. Ces schistes satinés violacés ou verts, à bancs jaunâtres, sont bien développés au nord d'Itrabo, jusqu'à la région pittoresque de la Ermita, où l'on monte sur l'épaisse masse des calcaires dolomitiques des étages de Gador et de Lentegi, en bancs inclinés N. O. à O., et qui recouvrent les schistes satinés d'Itrabo.

Fig. 1.
Coupe d'Itrabo à Lentegi.

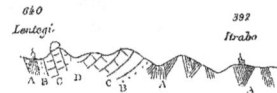

D Calcaire dolomitique gris-bleu en lits;
  Calcaire dolomitique blanc, compact, en rochers massifs;
C Calcaire bleu foncé, en lits stratifiés;
B Schistes violets et vert clair, avec lits minces de quartzite calcareuse jaune;
A Schistes satinés de Motril.

[1] *Loc. cit.*, p. 43.

Ce massif calcaire est recouvert de tufs et de travertins; on y remarque des grottes et des cascades avec stalactites[1]; il affecte une disposition synclinale, et ce n'est qu'après une route assez longue qu'on descend, près Lentegi, sur les couches plus anciennes, inclinaison S. 15°E. =70°.

Au nord de Lentegi, la sierra Almijara montre nombre de petits plis entrecoupés de failles, dans cette même série de schistes satinés et calcaires dolomitiques, au Molinillo, au cortijo Guadalhama et au delà, en suivant le sentier de Jayena; les inclinaisons, très variables, sont le plus souvent au N. O. La montée devient bientôt plus raide, on quitte les alternances de schistes et de calcaires, et le chemin décrit de nombreux lacets dans une masse uniforme de dolomies gris-bleuâtre, blanchissant à la surface, que l'on suit sans interruption jusqu'au col de la sierra Almijara (puerto Almuñecar).

Nous estimons à plus de 500 mètres l'épaisseur de cette masse de calcaire dolomitique grisâtre de la sierra Almijara (étage de Lentegi); elle forme quelques petits plis, mais son inclinaison dominante nous paraît du N. au N. O.

Ce calcaire dolomitique de la sierra Almijara a une grande ressemblance lithologique avec celui qui est si développé aussi dans la sierra Tejeda, et que nous rapportons au terrain primitif : nous hésiterions encore à les distinguer si nous n'avions constaté que cette dolomie de l'Almijara était parfois remplie de débris fossiles. Ainsi un ravin ouvert dans la roche vive, un peu au sud du point de rencontre du chemin d'Almuñecar à Grenade, et qui nous a été désigné sous le nom de barranco Arroba, présente des bancs de calcaire dolomitique remplis de coquilles régulièrement empilées par strates. Malgré le grand nombre des fossiles en ce point, il nous a été impossible de les isoler de la roche; la coupe du test tranche nettement en blanc sur le fond gris-bleuâtre de la roche : ce sont des fossiles bivalves de 2 à 4 centimètres de longueur, à

[1] Planche XII.

test très épais, à structure lamelleuse, foliacée, très marquée. Ils rappellent d'une façon si frappante, par leur forme, leur aspect,

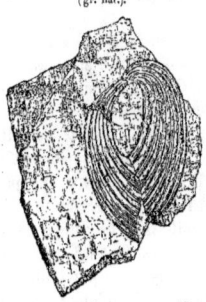

Fig. 2.
Megalodon des dolomies du barranco Arroba (gr. nat.).

leur disposition, les bivalves « en cœur », en « pied de bouc », qui remplissent par milliers certains bancs dolomitiques compacts du trias supérieur, de Watzmann, de Dachstein, etc., dans les Alpes de Salzbourg, que nous croyons devoir les leur assimiler et les rapporter au genre *Megalodon*. Leur forme générale les rapproche notamment de *Neomegalodon pumilus* Benecke et *Neomegalodon gryphoides* Gümbel; ils sont en trop mauvais état pour permettre une détermination précise.

Au nord du puerto Almuñecar, on descend sur ces calcaires dolomitiques triasiques jusqu'à l'embranchement des chemins de Jayena et de Grenade. Le chemin de Jayena montre bientôt des alternances de calcaires dolomitiques et de schistes gris-violacé, que nous n'osons rapporter avec certitude à l'étage de Motril. Au cortijo de la Prao tout doute a cessé, on a quitté les terrains triasiques, et les eaux du Cacin coulent dans une vallée formée par des roches primitives schisto-cristallines, schistes micacés, dolomies cristallines, quartzites épidotifères, calcaires à trémolite, en lits alternants, relativement minces : ces couches sont très dérangées et plissées en divers sens. Elles sont recouvertes, dans la vallée du Cacin, par une épaisse formation de poudingue à galets de dolomie, qui dépend du bassin tertiaire de Jayena.

Coupe de Nerja à la Nava Chica. — Nerja s'élève sur des schistes micacés, cristallins, très plissés S. à S.O., mais à inclinaisons peu élevées, surtout du côté de Torrox. A l'est, vers Almuñecar, ils passent à des micaschistes grenatifères, plus inclinés N. E., qui reposent vers Herradura sur les calcaires dolomitiques; près de ce contact on observe une grande faille dirigée à 165° et correspondant au centre du grand pli anticlinal qui a coudé toutes les couches de cette région.

Au nord de Nerja, micaschistes et schistes micacés à andalousite et feldspath, S. 15°O., plissés, passant au N. O. en approchant de Frigilliana, puis de nouveau S. 15°O. à Frigilliana, où ils reposent sur des calcaires dolomitiques blancs à parties bleuâtres plus foncées. Ces calcaires dolomitiques sont massifs, fendillés en tous sens, à stratification obscure; ils paraissent cependant ici passer sous les schistes. A l'est de Frigilliana s'ouvre une profonde gorge des plus pittoresques, où l'on peut juger en un coup d'œil de l'énorme importance et de l'uniformité de caractères des dolomies de ces sierras. Leur inclinaison est au N. E.; le grain de la roche est uniforme, saccharoïde, compact ou pulvérulent, et formé presque uniquement de rhomboèdres de dolomie; sa couleur varie du blanc au bleu clair, elle ne présente aucune modification, aucune variété, sur des centaines de mètres d'épaisseur, jusqu'à la vallée du rio Chillar.

Cette rivière coule dans une gorge profonde, entre deux hautes murailles de calcaire dolomitique blanchâtre de l'effet le plus sauvage et le plus grandiose, mais identiques minéralogiquement à celles de Frigilliana. Leur inclinaison est S.; elles présentent donc des ondulations dans ce massif. En remontant cette gorge du rio Chillar, nous avons suivi la dolomie pendant des kilomètres, sans y observer de changement, jusque près du cortijo de Liman, au cœur de la montagne. Le temps nous empêcha d'avancer plus loin dans ce massif de la Nava Chica, et nous dûmes regagner Frigilliana par le même chemin.

De Frigilliana à Competa, on suit la limite des schistes micacés et des calcaires dolomitiques; ceux-ci forment une haute crête, que longe le chemin en serpentant sur les schistes. Les schistes, généralement inclinés S. O., sont noirâtres, très micacés et chargés d'andalousite; ils sont traversés dans le ravin du rio Patamalara par de nombreux filonnets, souvent disposés en amandes interstratifiées, de quartz avec mica blanc et andalousite rose. En approchant de Competa, on observe en outre des couches interstratifiées de leptynite, de gneiss à mica blanc, et les schistes micacés contiennent souvent des glandules de feldspath.

Coupe de Torrox à Jatar. — Dans la région littorale de Torrox, nous n'avons observé que des schistes micacés à andalousite, staurotide, grenat, avec rares lits de quartzites épidotifères interstratifiés; l'inclinaison N. O. des couches est très peu élevée dans la région de Torrox, où elles sont aussi cependant plissées et ondulées; c'est la seule partie du pays où nous ayons observé des filons de diorite. Ces filons, assez nombreux à l'ouest de Torrox, ne dépassent pas $0^m,5o$ d'épaisseur, sont dirigés N. E. et contiennent sphène, amphibole, feldspath oligoclase, quartz et chlorite.

La vallée du rio Patamalara montre un beau développement des micaschistes et schistes micacés à minéraux, andalousite, staurotide, grenat, jusqu'à Competa, où l'on arrive sur le grand massif des dolomies. De Competa à Canillas de Albaida, micaschistes feldspathiques S. 45° O., avec lits intercalés de gneiss à deux micas; ces micaschistes se trouvent à Canillas au contact des dolomies blanches sur lesquelles est bâti le village.

Les calcaires dolomitiques blancs ou gris-bleuâtre, compacts, identiques à ceux de Frigilliana et inclinés N. E. à N., forment à eux seuls la profonde vallée que l'on suit au nord de Canillas, mais qu'un chemin vertigineux quitte bientôt pour monter la sierra. Le calcaire dolomitique conserve longtemps ses caractères uniformes ordinaires; nous y avons reconnu, au delà de la première côte, un filon de granulite gneissique à mica blanc et tourmaline, au contact duquel la dolomie était chargée de cristaux de trémolite; bientôt après, elle reprend son homogénéité et sa structure saccharoïde habituelle.

On quitte enfin cette épaisse masse de dolomies pour passer au nord sur un important faisceau de gneiss, micaschistes à andalousite et mica noir, grès micacés, calcaires, amphibolites, quarzites épidotifères, incliné N.E. = 45 à 60° : on monte longtemps au milieu des chênes-lièges et des chênes verts, sur cet étage des micaschistes et amphibolites en lits alternants, jusqu'au col de Jatar.

Ce faisceau de micaschistes et amphibolites paraît reposer sur les calcaires dolomitiques de Canillas, mais il leur est en réalité inférieur et forme le centre d'un pli anticlinal, couché en masse au N. un peu E., car la descente du col vers Jatar se fait dans une gorge où reparaît, avec son uniformité ordinaire, l'épaisse masse des dolomies blanc-grisâtre de Frigiliana, en couches immenses, à décomposition irrégulière, en blocs fétides sous le marteau. L'inclinaison varie de N. 10°E. à N. 40°E. = 25°.

Ces micaschistes et amphibolites de l'étage des dolomies correspondent aux roches similaires décrites par MM. Michel Lévy et Bergeron à la base de la série de la serrania de Ronda. Ce n'est même que dans la Ronda que l'on a pu constater les superpositions sur lesquelles nous établissons nos coupes; la sierra Tejeda nous fournit la même succession de roches primitives que la serrania de Ronda, moins l'étage inférieur des gneiss à cordiérite; mais les superpositions, obscurcies par des failles et des renversements, y laissent, pour nous, place au doute.

Fig. 3. — Coupe du col de Jatar.

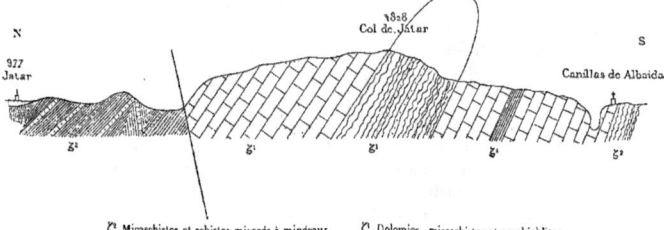

ζ^2 Micaschistes et schistes micacés à minéraux. ζ^1 Dolomies, micaschistes et amphibolites.

Descendant sur Jatar, on quitte brusquement les calcaires dolomitiques au sortir de la gorge, près la venta de Parma, où ils sont limités par la grande faille de la Tejeda, et l'on passe sur des couches de micaschistes alternant avec lits de gneiss à deux micas, de leptynite à tourmaline, épais de 0^m,30 à 1 mètre, de calcaire cristallin avec diallage (pl. XXXIX, fig. 2) et de micaschistes à staurotide, très plissés, verticaux, à inclinaisons variables du N. E. au S. O., au cortijo Competilla.

Au cortijo de los Nacimientos, micaschistes à andalousite (N.E.) alternant avec lits de schistes compacts, cornés, calcaires bleus avec silicates cristallins et calcaires bleus micacés, jusqu'à Jatar, où ils sont recouverts par le terrain tertiaire.

Cette coupe du col de Jatar que nous venons de décrire a été relevée également par MM. Fouqué et Bréon, qui ont bien voulu nous communiquer leurs notes : ils ont suivi la route de Jatar à Sedella, différente de la nôtre dans une partie de son parcours; la route de Sedella rejoint celle de Canillas au col de Jatar, la partie commune s'étendant du col jusqu'à Jatar.

De Sedella au col, on ne rencontre pas la grande masse des dolomies de Canillas, sans doute enlevées par une faille oblique; on reste d'une façon continue sur des alternances de micaschistes à deux micas, avec andalousite et disthène, alternant avec gneiss, micaschistes grenatifères, amphibolites, cipolins, quartzites épidotifères.

Coupe de Velez Malaga à la sierra Tejeda. — Cette coupe a déjà été relevée par divers géologues; elle a été décrite successivement par Haussmann[1] et par Scharenberg[2]. Ce dernier montre les micaschistes inclinés S., formant toute la riche plaine de Velez Malaga, et le calcaire de la sierra, qu'il rapporte au calcaire de transition, incliné N. Haussmann décrit les schistes micacés et

---

[1] Haussmann, *Abhandl. K. Soc. der Wissensch. zu Göttingen*, 1841, p. 282-283.

[2] Scharenberg, *Geolog. der Südküste von Andalusien* (*Zeitschr. der deutschen geol. Gesell.*, 1854, Bd. VI, p. 578).

chloritoschistes de Velez Malaga à Malaga, sur lesquels Antonio Linera[1], Schimper[2] et de Collegno[3] ont donné également quelques indications.

Torre del Mar est sur des schistes noirs inclinés N.O., peut-être supérieurs aux micaschistes cristallins de la sierra Nevada, et qui prennent un plus grand développement vers Malaga. Velez Malaga est construit sur des schistes semblables, inclinés N., comme on peut le reconnaître près des sources de Velez, à la base de l'escarpement calcaire sur lequel est construit le vieux château maure. On passe au nord, vers la maison de Juan Ramon, sur des micaschistes et schistes micacés à glandules quartzeux, avec tourmaline et andalousite rose; le schiste est rempli d'andalousite et de sillimanite (incl. N. 20°E.). On reste sur ces mêmes schistes jusqu'à Rubite; ils forment des plis assez nombreux et contiennent parfois, en outre des minéraux précédents, grenat, staurotide. Ces schistes micacés paraissent identiques à ceux de la sierra Nevada et de la sierra de Mijas.

En approchant du col qui mène vers Canillas de Aceituno, de nouvelles roches paraissent interstratifiées dans les schistes micacés que l'on suivait depuis Velez Malaga; ce sont des bancs de schistes bréchoïdes conglomérés, des psammites, des quartzites épidotifères, des calcaires chargés d'épidote, de pyroxène et de fer magnétique (incl. S.O.). Des bancs de psammites paraissent couronner cette masse; ils rappellent assez les grès siluriens à scolithes des Pyrénées.

En approchant de Canillas de Aceituno, des granulites gneissiques (N. 45°E.) prennent un beau développement; elles forment des masses feuilletées interstratifiées dans des micaschistes riches en mica blanc, avec glandules de quartz et feldspath, alternant avec de minces lits de cipolins. On arrive à Canillas de Aceituno sur la masse des calcaires dolomitiques blanc-grisâtre qui constituent la

---

[1] Antonio Linera, *Geologia de Malaga* (*Revista minera*, vol. II, p. 161-193).

[2] Schimper, *L'Institut*, 1849, p. 189.

[3] De Collegno, *Bull. Soc. géol. de France*, 2ᵉ sér., t. VII, 1850, p. 345.

sierra et dont l'âge reste indéterminé. M. Gonzalo y Tarin[1] a déjà insisté avec raison sur l'impossibilité de distinguer par leurs seuls caractères lithologiques les divers marbres dolomitiques qui ont un si grand développement dans les sierras Almijara et Tejeda.

De Velez Malaga vers Sedella, MM. Fouqué et Bréon ont relevé une coupe parallèle à la précédente; on ne quitte pas les schistes micacés à mica noir, mica blanc, tourmaline, grenat, andalousite, disthène et staurotide; ils alternent avec quelques lits minces plus basiques, chargés d'épidote. A moitié route, on rencontre des blocs de quartzite qui rappellent de même les grès à scolithes. Dans ce parcours, les couches sont très plissées, mais présentent cependant une inclinaison dominante au S.O.

De Sedella à Canillas de Aceituno et Alcaucin, schistes micacés à minéraux, avec minces lits interstratifiés de calcaires cristallins. Dans la vallée du moulin Guaro, à l'ouest de Canillas de Aceituno, schistes micacés, riches en andalousite, inclinés N. 20° E.; en approchant d'Alcaucin, ils se chargent de glandules feldspathiques et passent à des gneiss granulitiques. Alcaucin est construit sur le tertiaire, à la limite du massif calcaire de la sierra Tejeda.

CHAPITRE II.

I. — DESCRIPTION GÉOLOGIQUE DE LA SIERRA NEVADA.

La sierra Nevada (pl. XIII) est un énorme monolithe de schiste, bien remarquable par sa forme. Sa base ne dépasse pas 80 kilomètres de longueur de l'E. à l'O., du monte Negro au cerro Caballo, sur 40 kilomètres de largeur du N. au S.; de là elle se redresse comme d'un seul jet jusqu'à une hauteur de plus de 3,000 mètres (Mulhacen 3,481 mètres, Veleta 3,470 mètres). Ce massif, plus haut que les Pyrénées, n'a que la moitié de leur lon-

---

[1] Gonzalo y Tarin, *Descripc. geol. de Granada* (*Boletin de la Comision de la mapa geológica de España*, t. IX, 1882, p. 43).

gueur et les deux tiers de leur largeur; ses flancs présentent par suite une pente considérable, bien plus forte en moyenne que celle des Pyrénées ou des Alpes. La relation de la hauteur à la base de ces massifs est de 1 à 18 pour la sierra Nevada et de 1 à 28 pour les Pyrénées.

La sierra Nevada se distingue plus encore des Pyrénées et des Alpes par sa structure géologique : il n'y a rien dans sa masse qui rappelle la structure en éventail des chaînes classiques, ce n'est pas un faisceau de couches anciennes redressées jusqu'à la verticale et contre lequel s'adossent des couches plus récentes. A première vue, la constitution géologique de ce massif paraît très simple, car il est essentiellement composé de schistes plus ou moins micacés, très peu inclinés et formant une grande voûte plate, les couches inclinant du S. au S.E., au sud de la sierra, et du N. au N.O., au nord. On peut se représenter la sierra Nevada comme une grande voûte, un pli anticlinal soulevé, ayant percé à un certain moment le manteau de calcaires et de schistes qui le recouvrait.

Les coupes que nous avons pu faire dans la sierra Nevada, d'accord avec les observations de MM. de Botella[1], Gonzalo y Tarin[2] et von Drasche[3], montrent que ce massif est entièrement formé de schistes cristallins.

Au nord de la sierra, les coupes parallèles de la vallée du Genil et du chemin des Neveros montrent à l'est de Huejar une immense série de micaschistes, en couches généralement peu inclinées, de 10° à 45° du N. au N.N.O., alternant en lits plus ou moins grossiers et micacés avec des schistes quartzeux et des micaschistes grenatifères. Dans cette épaisse masse schisteuse, on trouve interstratifiées en concordance des roches schisto-cristallines très intéressantes, amphibolites, dolomies, éclogites et ser-

[1] F. de Botella, *Los terremotos de Malaga y Granada* (*Boletin de la Soc. geogr. de Madrid*, t. XVII, 1885).
[2] Gonzalo y Tarin, *Descripc. geol. de la provinc. de Granada* (*Bol. Com. mapa geol. de España*, t. VIII, 1881, p. 1).
[3] R. von Drasche, *Geol. Skizze des Hochgebirgstheiles der Sierra Nevada* (*Jahrbuch der K.K. geol. Reichsanstalt*, 1879, Bd. XXIX, Heft 1, p. 93).

pentines. On les observe à l'est du Peñon de San Francisco, ainsi qu'à l'est de Huejar; M. de Botella[1] les a signalées dans le barranco de los Azulecos, entre les pics de Mulhacen et de la Veleta, où ils inclinent au N. 58° O. On peut ramasser facilement toutes les variétés de ces roches, à l'état de galets, dans la vallée du Genil; nous ne connaissons pas ailleurs la serpentine, indiquée à diverses reprises[2] dans le barranco de San Juan.

Ces diverses roches se montrent toujours associées et au voisinage les unes des autres sur le terrain; elles ont encore été signalées par M. Gonzalo y Tarin, au N. E., entre Quentar, la Peza et Lugros[3].

Le barranco de los Azulecos a fourni à M. de Botella la coupe suivante de couches concordantes :

Roche verte;
Gneiss;
Schistes micacés grenatifères;
Gneiss;
Roche verte;
Schistes micacés grenatifères;
Quartzite à pyroxène, grünstein et grenat;
Quartzite à tourmaline.

Ce faisceau des Azulecos paraît parallèle au précédent et se prolonge probablement au N. E. vers Calahorra et Charches, où M. de Botella[4] signale ces mêmes roches, encore interstratifiées dans l'étage des micaschistes à minéraux.

Un troisième faisceau, parallèle aux deux précédents, a été signalé au S. E. par M. de Botella, dans la province d'Almeria, près Bayarcal. Il nous a échappé sur le flanc sud de la Nevada, soit que nos recherches aient été trop superficielles, soit à cause de l'état

---

[1] F. de Botella, Descripcion geológica de Almeria (Boletin de la Comision de la mapa geológica de España, t. XI, 1882, p. 261).
[2] D. Guillermo Bowles, Introduccion á la historia natural y á la geografía física de España, 1775, p. 424.
[3] S. E. Cook, Sketches in Spain, vol. II, p. 306.
[4] F. de Botella, loc. cit., p. 262.

nodulaire des bancs calcaires et amphiboliques. Il est toutefois certain qu'on le retrouvera également au S. O., comme le prouvent les nombreux galets de cipolins et d'amphibolites que nous avons trouvés dans les ramblas d'Orgiva, ainsi que les affleurements des environs de Lanjaron.

Ce faisceau de roches amphiboliques forme un terme net dans la série stratigraphique de la sierra Nevada; il ne joue toutefois dans la masse qu'un rôle infime, la montagne étant essentiellement schisteuse. L'épaisseur de 1,000 à 1,500 mètres, qu'attribue aux schistes M. de Botella, ne nous parait pas exagérée. Toutes les coupes à travers la sierra Nevada montrent un égal développement de ces couches schisteuses.

Le chemin qui conduit dans la montagne au nord de Lanjaron quitte bientôt les amphibolites, assez mal exposées, pour s'élever sur des schistes écailleux micacés alternant avec des schistes chloriteux et des micaschistes grenatifères S. 50°. Au delà, jusqu'au niveau des sources et des chalets, schistes écailleux et micacés, parfois grenatifères; l'inclinaison varie du S. O. au S. E. = 30°. Un banc de granulite gneissique à mica blanc (leptynite), épais d'environ 1 mètre, est interstratifié dans ces schistes; on le suit longtemps au flanc du ravin. Au-dessus, on passe sur des micaschistes feuilletés, écailleux, micacés, séricitiques, que l'on suit très longtemps par suite de leur faible inclinaison, qui coïncide à peu près avec la pente de la montagne. Au delà, à la hauteur des neiges (février), on arrive sur des schistes moins cristallins, noir-violacé, feuilletés, tachetés, séricitiques, uniformes, alternant comme les précédents avec de nombreux rubans de quartz : ils inclinent de l'O. au N. O.

Le chemin plus facile qui traverse la sierra Nevada d'Ugijar à Calahorra, en passant par le col de la Ragua, montre de même un énorme développement de schistes. De Mairena à Jubar, on voit les schistes cristallins assez inclinés et à directions variables; des schistes écailleux dominants alternent avec des bancs compacts plus quartzeux et des micaschistes. A Mairena, nombreux filonnets

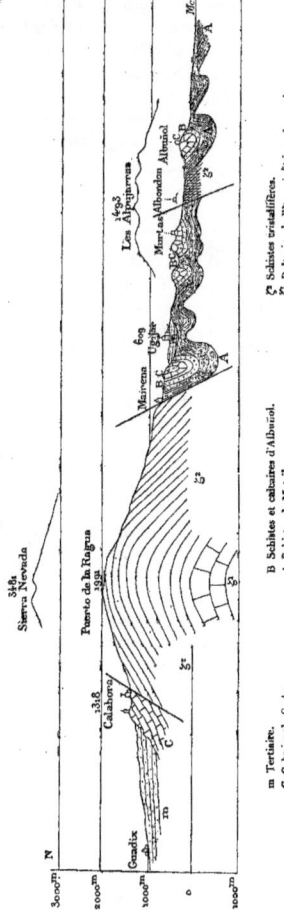

Fig. 4. — Coupe de la sierra Nevada.

m Tertiaire.
C Calcaire de Gador.
B Schistes et calcaires d'Albuñol.
A Schistes de Motril.
ζ^3 Schistes cristallifères.
ζ^2 Dolomies de l'étage inférieur des gneiss.

et enduits de fer oligiste; quelques lits interstratifiés de granulite gneissique à mica blanc. Au nord de Jubar, micaschistes grenatifères moins plissés, conservant pendant des kilomètres l'inclinaison S. 15°; des schistes tachetés alternent avec des micaschistes micacés ou grenatifères; au barranco Hondo, une couche de micaschistes contient du grenat et de nombreuses piles de chloritoïde de 2 à 3 millimètres. Au delà, jusqu'au puerto de la Ragua, les micaschistes plus ou moins quartzeux dominent, mais les bancs interstratifiés grenatifères ne sont pas rares : les inclinaisons varient du S. au S. O., puis passent au N. On reste sur des schistes micacés, peu inclinés du N. au N.N.E., depuis le puerto de la Ragua jusqu'à Calahorra.

Entre les deux coupes transversales que nous venons de décrire, le sol de la sierra Nevada ne présente pas de modification importante : on en a la preuve dans la vallée du rio Grande, que nous avons suivie dans tout son parcours sans y trouver de débris d'aucune nouvelle roche.

Les coupes de MM. von Drasche et Gonzalo y Tarin[1] vers Capileira et Trevelez montrent également un grand développement de schistes écailleux micacés S. à S.E. dans cette partie méridionale de la sierra.

M. Gonzalo y Tarin[2] indique la succession suivante, qui nous paraît vraisemblable, bien qu'on n'en ait pas de preuves :

1. Phyllades noirs, micacés, maclifères (cambrien).
2. Micaschistes argileux, satinés, parfois grenatifères (primitif).
3. Micaschistes, schistes siliceux, avec lits de gneiss (primitif).

La distinction précise des formations rapportées ici au terrain primitif et au terrain cambrien nous est impossible dans l'état actuel de nos connaissances sur la région. On doit peut-être rapporter aussi au niveau supérieur les schistes et quartzites amphiboliques

---

[1] Gonzalo y Tarin, *Bol. Com. mapa geol. de España*, t. VIII, 1881, p. 20. —
[2] Gonzalo y Tarin, *Bol. Com. mapa geol. de España*, t. IX, 1882, p. 98.

du ravin d'Agron signalés par M. Gonzalo y Tarin; on y voit du sud au nord :

> Schistes micacés noirs à andalousite;
> Calcaire dolomitique blanc;
> Quartzite épidotifère;
> Gneiss séricitique;
> Quartzite dolomitique blanc-rosé ou bleuâtre;
> Schiste à actinote et épidote;
> Schistes micacés noirs à andalousite;
> Schistes verts à épidote, à variétés serpentineuses.
> Schistes micacés noirs charbonneux, à séricite;
> Quartzite épidotifère;
> Schistes micacés noirs, à mica noir en rosettes;
> Quartzite épidotifère;
> Schistes micacés, butant par faille contre le miocène.

Cette masse est épaisse d'environ 100 à 150 mètres; elle est composée de termes concordants entre eux; aucun des bancs de quartzite ou de calcaire ne dépasse l'épaisseur d'une vingtaine de mètres.

Les données que nous possédons sur le massif central de la sierra Nevada sont encore insuffisantes pour permettre d'expliquer sa structure géologique. Haussman[1], Cook[2], von Drasche[3], le considèrent comme formé par une grande voûte anticlinale terminée en demi-dôme à l'ouest, dans la province de Grenade; M. Gonzalo y Tarin y voit une structure plus complexe et une série de plis parallèles à axes dirigés du N. E. au S. O. La triple répétition du faisceau de roches amphiboliques suffit à montrer que l'hypothèse de MM. Haussman et von Drasche est trop simple; celle de M. Gonzalo y Tarin n'est pas conciliable avec le peu d'in-

---

[1] Haussmann, *Ueber das Gebirgssystem der Sierra Nevada* (*Abh. K. Soc. der Wissensch. zu Göttingen*, 1841, p. 279).

[2] S. E. Cook, *Sketches in Spain* (*Proceedings of the Geological Society of London*, 1829, p. 216, et 1883, p. 465).

[3] R. von Drasche, *Geol. Skizze des Hochgebirgstheiles der Sierra Nevada* (*Jahrb. der K. K. geol. Reichsanstalt*, 1879, Bd. XXIX, Heft 1, p. 93).

clinaison des couches, presque horizontales sur d'immenses étendues. La prédominance des schistes cristallins, avec lesquels n'alternent pas de masses, inégalement plastiques, de grès ou de calcaires, a imprimé à ce massif une grande homogénéité, une grande résistance aux déplacements de détail, plis et glissements : dans ses traits généraux, nous considérons la sierra Nevada comme due à un bombement anticlinal unique, mais compliqué, notamment sur ses bords, au N. O. et au S. E., par de petits plis et des failles subordonnées.

Au point de vue théorique, la composition minéralogique des roches qui constituent la sierra Nevada nous paraît plus difficile encore à expliquer que leur disposition stratigraphique. Les éléments allothigènes, clastiques, font défaut; le quartz, les micas, la tourmaline, le grenat, présentent tous des éléments authigènes : les schistes cristallins de la sierra Nevada rappellent ainsi, d'une part, certaines roches métamorphisées au contact des granites (Bretagne), et, d'autre part, des roches de régions très accidentées (Alpes, Ardennes), dont le métamorphisme est rapporté à des actions mécaniques (métamorphisme régional). On ne trouve pas cependant dans la sierra Nevada de grand massif, de nucleus de granite éruptif, ni les plissements multiples, les renversements de couches qui témoignent habituellement des puissantes actions mécaniques.

Ces schistes cristallins remontent réellement à une époque indéterminé, mais semblent présenter dans leurs éléments constituants, d'origine énigmatique, des caractères d'ancienneté. En admettant la classification de Cordier [1] pour les divisions du sol primitif en quatre étages :

    Étage des talcites phylladiformes;
    Étage des talcites cristallifères;
    Étage des micacites;
    Étage des gneiss,

[1] Cordier, *Description des roches*, Paris, 1868, p. 386.

nous rattacherions la masse des micaschistes et schistes cristallins de la sierra Nevada à l'étage de ses *schistes cristallifères*, recouverts par des lambeaux de l'étage des *schistes phylladiformes*. Cet étage des *schistes cristallifères* est désigné par MM. Michel Lévy et Bergeron, dans leur rapport, sous le nom de *schistes cristallophylliens à minéraux*, et celui des *schistes phylladiformes* sous le nom de *schistes archéens*.

Ces *schistes cristallifères* se distinguent de ceux de la plupart des régions qui nous sont connues en ce que leurs feuillets alternent à l'infini avec des rubans interstratifiés de quartz. Le quartz a suivi toutes les sinuosités, les plis, les inflexions du schiste, au point que M. de Botella[1] en a conclu que ces rubans glandulaires de quartz avaient été plissés en même temps que les schistes, et que le plissement avait dû se produire quand les roches étaient encore molles.

Des plis aigus, des rides complexes sont fréquents dans les bancs superposés parallèlement de cette région; des lits très plissés,

Fig. 5.

Ridement des schistes cristallifères, observés suivant leurs tranches.

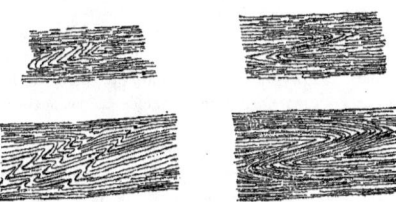

froncés, s'observent souvent entre des feuillets restés plans, montrant des apparences de fausse stratification indiquées sur les croquis ci-joints.

[1] De Botella, *Descripc. geol. de Almeria* (*Bol. Com. mapa geol. de España*, t. XI, 1882, p. 265).

4.

Ces apparences nous fournissent la preuve des puissantes pressions supportées par les strates de la sierra Nevada à l'époque de la cristallisation de leurs éléments : le ridement de l'écorce terrestre qui a déterminé le soulèvement de la sierra Nevada n'a pas plissé et fracturé cet ensemble, parce que la cohésion des diverses parties constituantes a cédé la première : les divers minéraux se sont déplacés et ont traîné dans la roche, tandis que les feuillets glissaient de leur côté les uns sur les autres, donnant ainsi naissance aux roches les plus irrégulièrement froissées.

II. — DESCRIPTION GÉOLOGIQUE DES ALPUJARRAS.

On désigne sous le nom, célèbre dans l'histoire des Maures, d'Alpujarras, l'ensemble des contreforts méridionaux de la sierra Nevada; ils constituent une région de schistes et de marbres où de sauvages défilés livrent passage à la fois aux eaux et aux voyageurs, qui ne trouvent guère d'autre route que ces ramblas, encombrées de cailloux roulés.

Les montagnes qui séparent le versant sud des Alpujarras de la Méditerranée portent le nom de sierra Contraviesa et de sierra de Lucar; elles se continuent à l'est dans la sierra de Gador et à l'ouest dans la sierra de Almijara : leur ensemble ne constitue pour le géologue qu'un même ensemble diversement découpé, un même rempart, tantôt simple, tantôt multiple, percé de brèches profondes par les agents orogéniques, aidés par les agents atmosphériques.

Les Alpujarras sont formées par une puissante série de schistes et de calcaires, successivement rapportée à tous les terrains par les auteurs qui s'en sont occupés. Amar de la Torre, Naranjo, Haussmann[1], Pernollet[2], les rapportent au terrain de transition, sans préciser. En 1857, Ansted[3] donna les premières coupes du

---

[1] Haussmann, *loc. cit.*, p. 273.
[2] Pernollet, *Sur les mines et fonderies du midi de l'Espagne* (*Annales des mines*, 4ᵉ sér., t. X, 1846).

[3] Ansted, *On the geology of Malaga* (*Quarterly Journal of the Geolog. Society of London*. Vol. XV, Suppl., n° 60, 1860, p. 585).

flanc sud de la sierra Nevada, à travers les Alpujarras, et indiqua la superposition concordante des couches suivantes :

> Micaschistes de la sierra Nevada ;
> Schistes grisâtres avec gypse au sommet ;
> Calcaires de la sierra de Gador ;

tous ces termes étant recouverts en discordance par le tertiaire.

Amalio Maestre[1] rapporte à la période carbonifère inférieure les schistes et calcaires précédents.

Casiano de Prado émet l'idée que les schistes argileux foncés pourraient bien représenter le dévonien. Willkomm rattache au silurien toutes ces chaînes calcaires.

MM. de Botella[2] et Vilanova rattachent au permien les calcaires et schistes supérieurs, et rangent dans le système taconique les schistes satinés connus dans le pays sous le nom de *launas*. M. de Botella[3] y signale, aux environs de Grenade et d'Almeria, des traces d'*Arenicola didyma*.

De Verneuil[4] les rapporte avec doute au trias, reconnaissant dans cette région des Alpujarras la succession suivante, qui est la même qu'avait indiquée Ansted :

> Terrain métamorphique ;
> Trias incertain.

Cette détermination était basée sur les caractères lithologiques des schistes argileux bariolés à feuillets lustrés et des calcaires versicolores avec gypse, si différents de ceux que présentent les terrains paléozoïques dans tout le reste de l'Espagne. Le coup d'œil de notre savant compatriote l'avait bien servi, au moins en partie, car de récentes découvertes de fossiles, dues à M. Gonzalo

---

[1] Amalio Maestre, *Bosquejo geológico de España*, 1841.
[2] F. de Botella, *Descripc. geol. de Almeria* (Bol. Com. mapa geol. de España, t. IX, 1882, p. 281).
[3] Id., *ibid.*, p. 38.
[4] De Verneuil, *Bull. Soc. géol. de France*, 2ᵉ sér., t. XIII, 1856, p. 710 ; Comptes rendus de l'Acad. des sciences, t. LIX, août 1864.

y Tarin, sont venues confirmer l'existence du terrain triasique dans les calcaires de cette chaîne, comme l'avait pressenti de Verneuil.

M. von Drasche [1] laisse également dans le terrain de transition les schistes cristallins de la sierra Nevada et range dans le trias (*métamorphisé*) les schistes satinés et calcaires des Alpujarras.

On doit à M. Gonzalo y Tarin [2] le plus grand progrès accompli : il reconnut au-dessus des *schistes cristallifères* deux étages distincts, l'un formé de phyllades argilo-talqueux bariolés, l'autre formé de calcaires et de dolomies. Ce dernier étage, le plus élevé des deux, lui a fourni des fossiles qui ont été reconnus triasiques par M. Mallada. L'âge de cet étage se trouve ainsi fixé, mais il n'en est pas de même de l'étage inférieur des phyllades talqueux, que M. Gonzalo rapporte au cambrien.

Nous avons pu reconnaître aussi un ordre constant de succession dans cette série de schistes et de calcaires; mais, faute de fossile déterminable, nous n'apportons aucun document nouveau en faveur de la fixation de leur âge.

Sur le versant sud de la sierra Nevada, on peut voir en de nombreux points, de Lanjaron à Ugijar, la superposition des schistes satinés des Alpujarras sur les micaschistes cristallifères qui forment la sierra Nevada. On hésite d'abord à séparer aussi nettement ces deux séries de schistes, injectés les uns comme les autres de nombreux filonnets rubanés, interstratifiés de quartz; mais la division devient bientôt facile et se suit d'une façon constante.

En procédant dans les Alpujarras de l'est à l'ouest, on voit les schistes satinés reposer sur les schistes cristallins à Mairena; ils présentent la coupe suivante de Mairena à Ugijar :

A Schistes satinés violacés ou verdâtres, formant par altération des argiles fines, incl. N. (étage de Motril);

B Schistes violets, avec lits minces de quartzite, de calcaire, de dolomie jaune avec sidérose (étage d'Albuñol);

---

[1] R. von Drasche, *Jahrb. d. K. K. geol. Reichsanstalt*, Bd. XXIX, 1879, p. 110.

[2] Gonzalo y Tarin, *Edad geológica de las calizas metalíferas de la Sierra de Gador* (Almeria) (*Bol. Com. mapa geol. de España*, t. IX, 1882, p. 97).

C Bancs et blocs de calcaire bleu éboulés (étage de Gador);
B Schistes satinés verts et violets, à lits minces de calcaire dolomitique jaune (étage d'Albuñol);
A Schistes satinés verts et violets (étage de Motril).

Contrairement aux couches de la sierra Nevada, celles-ci sont généralement verticales, très inclinées et plissées, comme on le voit dans cette première coupe, où elles forment un pli synclinal.

Au centre du pli se trouvent des bancs de grès rouge calcareux à galets de quartz, de schiste, de calcaire; il est facile de se convaincre de leur position superficielle, malgré leur ressemblance avec certaines roches du trias normal : nous les considérons comme des tufs quaternaires. A Carchalejo, près de Mairena, on exploite une masse de gypse au sommet de l'étage d'Albuñol.

Ugijar s'élève sur l'emplacement d'un vaste et ancien lac miocène, dont les sédiments sont ravinés par des alluvions torrentielles qui datent sans doute de l'époque quaternaire.

D'Ugijar à Adra, à la côte, on reste sur les roches précitées, d'après l'avis unanime de MM. von Drasche, de Botella, Gonzalo y Tarin; on reconnaît les mêmes divisions qu'à Ugijar :

A Schistes satinés (Alcolea, Alboloduy, Nerja à Adra) (étage de Motril);
B Schistes satinés avec lits minces de grès, quartzite, calcaire jaune, où M. Gonzalo signale des *Rissoa* (Alcolea à Berja), masse de gypse près Alboloduy;
C Calcaire argileux gris-bleu, bien stratifié, en lits de quelques centimètres à plusieurs décimètres (étage de Gador);
D Calcaire dolomitique massif, en gros bancs, à stratification obscure, gris-bleu, grenu, caverneux (étage de Lentegi).

Le calcaire bleu en lits C est le niveau qui a fourni à M. Gonzalo y Tarin des fossiles triasiques : *Myophoria, Monotis, Avicula;* quant au calcaire dolomitique qui le recouvre, c'est le gisement des célèbres minerais de plomb et de zinc de la sierra de Gador.

D'Ugijar à Albondon, on recoupe la même série : on monte sur les schistes satinés violacés A, au S. O. de la plaine tertiaire d'Ugijar, incl. S. 15° O.; on passe ensuite sur des schistes lustrés, violacés et verts B, alternant avec des lits minces de grès quartzeux gris ou jaunes, incl. N., plissés, bientôt recouverts par les schistes violacés avec lits de calcaire jaune dolomitique, puis par le calcaire bleu C. Ces hauteurs sont couronnées par des grès rouges et des poudingues à galets variés où le quartz domine, qui rappellent le *grès rouge* des régions classiques; on ne peut rapporter ici cette formation au trias, elle est discordante sur les précédentes et sa pâte calcaire comme sa position statigraphique doivent la faire considérer comme un facies spécial, propre au flanc sud de la Nevada, des tufs et brèches quaternaires si développés dans ces régions.

Continuant cette coupe d'Ugijar à Albondon, on redescend la série précédente jusqu'à la venta qui se trouve dans la grande rambla; la pente de la Contraviesa, que l'on monte ensuite vers Murtas, montre de nouveau les schistes violacés et verts A, les schistes avec lits minces de grès et de dolomie brune avec sidérose B, les calcaires bleus dolomitiques C et les calcaires gris dolomitiques D. Cette partie de la coupe est remarquable par le développement des bancs de grès blanc micacé dans l'étage d'Albuñol et par la difficulté de trouver une limite entre les calcaires de Gador et de Lentegi. Il est toujours difficile dans les Alpujarras d'observer le contact des calcaires avec les couches voisines, par suite de l'épais bourrelet superficiel de brèche tufacée qui recouvre les calcaires près de leurs limites.

Près Murtas, les calcaires, d'abord inclinés S. 20° O., font quelques plis, au centre desquels apparaissent les schistes avec lits de quartzites et de dolomies brunes sur lesquels est bâti Murtas. Au delà de Murtas, on suit longtemps la bande des calcaires de Gador et de Lentegi, qui forment la crête de la sierra Contraviesa; on abandonne enfin les schistes et calcaires d'Albuñol, toujours très plissés, pour passer sur les schistes satinés de Motril, formant une épaisse série, régulière, inclinée en masse vers le sud, jusqu'à la venta de Mediodia. Avant d'arriver à Albondon, près la Fuente

Sarza, ils reposent sur les micaschistes cristallins, plus grossiers, à bancs quartzeux alternant avec lits chargés d'andalousite ou de grenat (incl. N. à N. O.).

La coupe d'Ugijar à Torbiscon, suivant la grande rambla, montre la même superposition des divers étages des schistes satinés et des calcaires; le calcaire affleure à la Huerta de las Naranjas. Au delà de Cadiar, une faille met les schistes satinés au contact des schistes cristallins à tourmaline, inclinés S. puis N. Le ravin latéral qui va de Torbiscon au rio Grande donne sur sa rive droite une très bonne coupe des couches triasiques (incl. S. E.); il correspond à une faille dirigée N.-S., et les micaschistes cristallins grenatifères, inclinés O., affleurent sur la rive gauche.

La rive droite montre, en remontant le ravin, la série suivante :

 A Schistes satinés violacés et vert clair (étage de Motril);
 B Schistes satinés violacés, lits de quartzite et de dolomie brune ;
  Schistes gris-bleu grossier (étage d'Albuñol);
 C Calcaire bleu et schiste (étage de Gador);
 B Schistes et lits minces de dolomie brune;
  Schistes verts et lentilles de gypse blanc (étage d'Albuñol);
 A Schistes satinés, violacés et vert clair (étage de Motril).

De Torbiscon à Orgiva, les schistes satinés sont recouverts, au puerto, par des calcaires dolomitiques bleuâtres (étage de Gador), inclinés S. O., au-dessus desquels on s'élève sur une masse importante de dolomies gris-jaunâtre, massive (étage de Lentegi), inclinée S. O. à N. O., et qui présente ici, comme dans la sierra de Gador, un grand développement. Il constitue, d'après M. Gonzalo y Tarin, toute la sierra de Lujar, que nous longeons à Orgiva.

A Albuñol, même série qu'à Ugijar. Les schistes cristallins micacés, ou quartzeux, ou grenatifères, signalés à Albondon (incl. S.E. à N. O.), butent au sud de Galbez contre les schistes satinés (N. 10° O.) de l'étage d'Albuñol. Ils sont bientôt recouverts par les bancs nettement stratifiés du calcaire bleu foncé, compact, épais d'environ 30 mètres. Un petit pli ramène ensuite vers Albuñol les schistes satinés violacés et vert clair, à lits bruns calcareux, puis on remonte sur les calcaires stratifiés de l'étage de Gador, où les bancs bleus alternent avec des bancs jaunes, modifiés, chargés de sidérose, et sont en relation avec des masses de 5 à 6 mètres d'épaisseur de gypse blanc. Comme partout dans la région, au contact des gypses, les couches sont ici très dérangées et cassées. En descendant à Albuñol, on passe sur les schistes lustrés à lits bruns calcareux B, puis sur les schistes satinés, fins, violacés et vert clair de Motril, dont les masses, éboulées les unes sur les autres, donnent dans certains ravins de trompeuses discordances de stratification.

D'Albuñol vers la Mamola, on quitte bientôt les schistes satinés, pour passer sur des micaschistes incl. S., alternant en lits minces avec des bancs plus grossiers, gris-verdâtre, passant à la quartzite, avec des schistes grenatifères et des schistes feldspathiques. A 1 kilomètre environ de la Mamola, ces schistes cristallins (S. 80°) butent par faille contre les schistes satinés avec gypse de l'étage d'Albuñol. Les gypses et schistes gypseux, épais de 30 mètres et inclinés N. 15° E., sont exploités au contact de la faille; ils reposent normalement sur les schistes satinés verts, avec chloritoïde et veinules de quartz, qu'on suit dans les falaises jusqu'à la Mamola, où leur inclinaison est de nouveau Sud.

L'étage de Motril est particulièrement remarquable dans ces falaises de la Mamola par l'abondance extrême du quartz en rubans moniliformes parallèles, qui alternent centimètre par centimètre avec les lits schisteux. A ce quartz se trouvent associés du chloritoïde, du feldspath, de l'épidote; la roche dans son ensemble rappelle les chloritoschistes de Cherbourg, du terrain primitif.

A l'ouest de la Mamola, on observe de nouveaux affleurements de schistes. Au Castillo de Ferro se trouve un lambeau de calcaire marbre, isolé, en lits bien stratifiés (incl. S. E.), qui représente peut-être le lambeau nummulitique signalé par de Verneuil près de Gualchos, et que nous n'avons pu reconnaître.

Environs de Motril. — De Gualchos à Motril, on a de belles

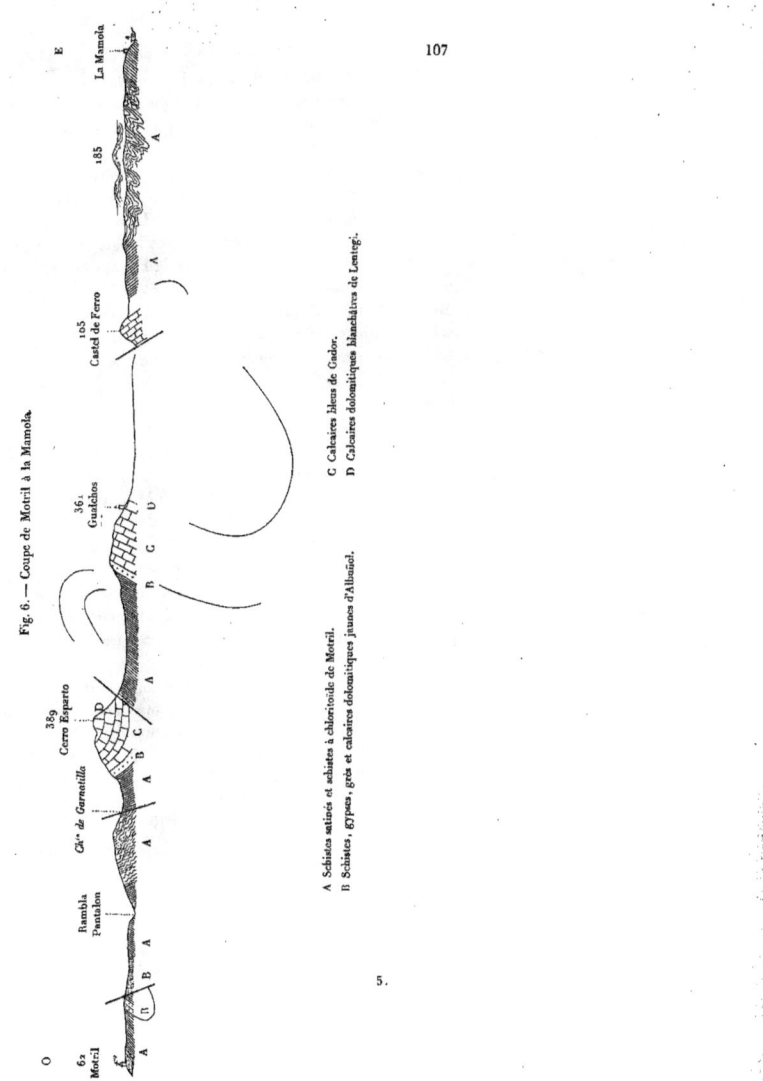

Fig. 6. — Coupe de Motril à la Mamola.

A Schistes satinés et schistes à chloritoïde de Motril.
B Schistes, gypses, grès et calcaires dolomitiques jaunes d'Albuñol.
C Calcaires bleus de Gador.
D Calcaires dolomitiques blanchâtres de Lentegi.

coupes dans le trias. Gualchos est bâti sur les dolomies massives, jaunes, caverneuses, à gros grains, qui appartiennent sans doute à l'étage de Lentegi. A la base sont quelques bancs schisteux, qui reposent sur des calcaires bleus, en lits S. 50° O., présentant les caractères ordinaires de l'étage de Gador. Ils reposent en concordance sur des schistes satinés violacés, à minces lits jaunes gréseux ou dolomitiques, de l'étage d'Albuñol. Leur épaisseur atteint ici au moins 100 mètres; on suit toutefois longtemps la tranche des mêmes couches, pour repasser vers la Fuente Moral sur les calcaires bleus stratifiés de l'assise de Gador (incl. N. E.). De la Fuente Moral à la rambla Pantalon, on descend successivement sur les schistes satinés chloritiques, vert clair ou violacés, à minces lits jaunes calcareux, de l'étage d'Albuñol, puis sur les schistes satinés violacés, fins, argileux, avec bancs psammitiques, de l'étage de Lanjaron.

Dans la rambla, ces schistes inclinent S.; on les suit jusqu'à Motril; ils sont recouverts sur cette route par des argiles rouges à cailloux roulés. Il est préférable de les étudier au N. E. de Motril, dans la direction des fours à plâtre, où M. le professeur Cazorla, de Motril, a eu l'obligeance de nous guider. Ce sentier se détache de la route de Motril à la rambla del Piojo et passe bientôt sur les schistes satinés violacés et les schistes chloriteux de l'étage d'Albuñol, incl. S. 25° O.; des lits minces, bruns, calcareux ou gréseux, alternent avec ces schistes, ainsi que des filonnets glandulaires de quartz avec chlorite et feldspath. Au delà, les lits calcaires jaunâtres sont remplacés par des bancs de gypse, qui occupent ainsi le sommet de l'étage. Ils forment ici le sommet d'un pli faillé, et l'inclinaison passe du S. au S. 60° E. L'amas le plus important de gypse de la région a 10 mètres d'épaisseur; il est blanc assez pur, remarquable par les taches vertes de chlorite, le mica blanc et le quartz cristallisé qu'on y trouve. Des fours à plâtre vers Granatilla, on reste sur les schistes violets et verts, à bancs jaunes gréseux et calcareux, de l'étage d'Albuñol (S. 65° E).

Au nord de Motril, en suivant la grande route de Grenade, on marche sur des schistes cristallins primitifs (incl. S. O.) avec tourmaline, andalousite et grenat. A la borne kilométrique 3, ils butent brusquement contre le calcaire de Gador, qui forme le cerro Gordo; la faille est dirigée 100°. On voit ainsi la coupe suivante :

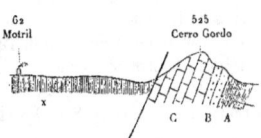

Fig. 7. — Coupe du cerro Gordo.

x Schistes micacés.
C Calcaire bleu stratifié (encrines, gastropodes) passant à la base à un calcaire bleu à flammes blanches, gypseuses ou spathiques (Frailesca)........... 50 mètres.
B Schistes satinés, fins, violets et vert clair, nœuds de quartz à chlorite, feldspath, malachite S. 30°O.=50° (étage d'Albuñol)....................... 50
Cargneules caverneuses jaunes................ 10
Schistes vert clair dominants, avec lits de grès feuilleté, blanc-jaunâtre ou verdâtre, et lits calcareux minces, jaunes........................ 20
A Schistes satinés (étage de Motril).

Une nouvelle cassure déplace les calcaires de Gador C, ici obscurcis par des tufs superficiels, et les lacets de la route montrent un beau développement des schistes satinés violacés et vert clair d'Albuñol, alternant avec lits d'environ 50 centimètres de cargneule, de dolomie, de calcaire, de quartzite, à teintes brun-jaunâtre ou verdâtre, dues à l'abondance des paillettes de chlorite et de chloritoïde, très répandues dans ces schistes. Les lits calcaires sont couverts de dendrites manganésifères; on trouve dans les schistes, en relation avec les nombreux rubans quartzeux : pyrite cubique, orthose, pennine, ripidolithe, fer oligiste lamelleux, sidérose, blende, calamine, quartz en prismes terminés. Le quartz n'est pas ici aussi régulièrement interstratifié que dans la plupart des coupes précédentes, il forme d'abondants filonnets transverses; à leur contact, nombre des minéraux précités se sont développés dans les schistes, notamment la chlorite, le chloritoïde, et c'est là qu'on trouve des schistes à chloritoïde en grandes paillettes.

Si, évitant les lacets de la route, on se rend des affleurements calcaires du cerro Gordo au sommet du cerro di Toro (1,238 mètres), en marchant normalement aux couches à travers les rochers, on reconnaît que la montagne du nord de Motril appartient à un pli anticlinal renversé en masse au S. O. En effet, le calcaire

Fig. 8. — Coupe du cerro di Toro.

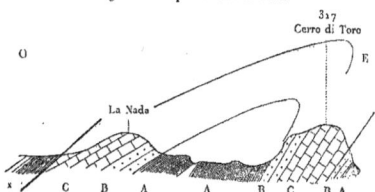

C Calcaire de Gador.
B Schistes, grès et calcaires dolomitiques d'Albuñol.
A Schistes satinés de Motril.
x Schistes micacés.

bleu du cerro Gordo C est exploité près la grande route de Motril à la ferme de la Nada; on passe au N. E. sur les schistes satinés, à bancs jaunes dolomitiques, d'Albuñol, puis sur les schistes satinés vert-violacé (incl. S. 40°O.), qui forment le centre de la voûte; on passe au delà sur des schistes lustrés B avec lits minces de quartzite séricitique jaune, lits bruns de 10 centimètres de calcaire riche en sidérose, et nombreux lits calcareux bruns noduleux, passant à la cargneule (incl. S. 30°O.). Montant enfin au cerro di Toro, on marche sur de grandes dalles de calcaire bleu foncé, encrinitique, où l'on ne reconnaît, en outre des nombreuses tiges d'encrines, que des sections indéterminables de gastropodes. C'est le niveau du calcaire fossilifère de Gador, de M. Gonzalo y Tarin; il a ici une épaisseur de 40 mètres et incline, comme le reste de la série, S. 50° O.; au delà, en stratification concordante, mais en couches toujours renversées à notre sens, se trouvent plus de 80 mètres d'épaisseur de dolomie grenue, gris-bleu, caverneuse, qui forment le sommet du cerro di Toro et où sont ouvertes des mines de calamine. Ces dolomies appartiennent à l'étage de Lentegi; elles butent par une petite faille, au nord, contre les schistes de l'étage d'Albuñol.

Environs de Velez de Benandalla. — Au nord de la région de Motril, que nous venons de parcourir, s'étend une vaste région de schistes satinés, inclinés S. O., appartenant pour la plus grande partie à l'étage de Lanjaron; ce n'est qu'en approchant de Velez qu'on arrive sur les couches plus élevées du triasique, très obscurcies toutefois par les tufs superficiels, si habituels dans cette région au contact des schistes et des calcaires. Au nord des calcaires de Velez, on revient sur les schistes satinés d'Albuñol et de Motril, dont l'inclinaison dominante reste au S. O.; ils sont plissés et repliés sur eux-mêmes; car, près du tunnel d'Ifo, on quitte les schistes violacés de l'étage de Motril pour passer sur les schistes satinés, alternant avec lits de cargneules, de calcaire et de grès jaunâtres, de l'étage d'Albuñol (incl. S. O.), puis sur les calcaires bleus de l'étage de Gador, difficiles à distinguer des calcaires dolomitiques de Lentegi (incl. S. 30° O.), qui forment le versant dans lequel est ouvert le tunnel et où ont apparu de nouvelles sources thermales lors du tremblement de terre.

Environs de Lanjaron. — Nous avons étudié cette contrée de Lanjaron sous la direction de M. Michel Lévy; on peut y observer en nombre de points le contact par failles des couches triasiques et des schistes cristallins. Aux travaux souvent cités de MM. von

Drasche et Gonzalo y Tarin sur les environs de Lanjaron, il convient d'ajouter une note de M. J. Arevalo [1]. La stratigraphie de cette pittoresque vallée est d'ailleurs des plus complexes et ne pourra être abordée avec succès qu'à l'aide d'une bonne carte topographique.

Dans le ravin des sources, au nord de l'établissement, on peut voir, malgré de nombreux éboulements, la superposition des schistes noir-violacé et verts de l'étage de Motril, inclinés N.O., et des schistes satinés de l'étage d'Albuñol, alternant avec des schistes pyriteux noirs, des dolomies sableuses gris-jaune, des cargneules bréchoïdes brunes et des gypses blancs. Une faille dirigée N.-S. amène au contact de cette couche les schistes cristallins grenatifères S. 50°O.=80°, alternant avec schistes chloriteux à épidote et lits interstratifiés de 10 centimètres de gneiss à mica blanc.

A l'ouest de ce ravin, sur la route, on voit la superposition des calcaires dolomitiques sur les schistes de l'étage d'Albuñol; la distinction des calcaires (C, D) ne nous a pas été possible en ce point. Les calcaires triasiques présentent un beau développement sur cette route; ils sont très brisés, disloqués, et butent bientôt contre un massif de schistes écailleux anciens, avec lits de quartzite micacée, contenant une masse de marbre blanc à mica blanc et trémolite épaisse de 50 mètres environ, et incliné N. 80°O.

Revenant à l'est de Lanjaron sur la route d'Orgiva, un profond et pittoresque ravin montre les schistes verts et violacés de l'étage de Motril, recouverts par des schistes avec cargneules brunes et grès jaunâtres en plaquettes (étage d'Albuñol), obscurcis par des éboulements; ils sont recouverts par des calcaires bleu foncé à lentilles de gypse blanc exploité et filonnets de calcite (étage de Gador); au sommet de la côte, la route d'Orgiva est dans des calcaires dolomitiques compacts, grisâtres (étage de Lentegi), où il n'y a plus de gypse ni de stratification nette.

Dans le ravin au N.E. de Lanjaron, où l'on exploite les gypses

---

[1] J. Arevalo, *Datos geológicos del valle de Lanjaron* (Bol. Com. mapa geol. de España, t. III, p. 251).

que nous venons de citer, et sous le Peñon del Cobre, se trouve une nouvelle petite faille qui met au contact des schistes satinés les micaschistes grenatifères. Au sud de Lanjaron, le calcaire de Lentegi, brusquement limité par une faille E.-O. indiquée sur notre coupe, bute directement contre des schistes micacés à andalousite dirigés S. 30° E. et très plissés. Au sud, ils sont de nouveau brusquement arrêtés par une autre faille, et l'on passe directement, vers

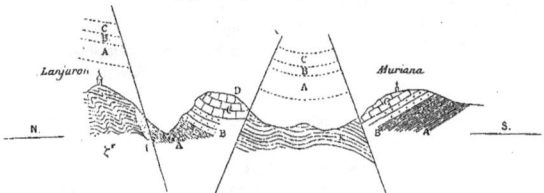

Fig. 9. — Coupe de Lanjaron à Muriana.

t Tufs superficiels.
C Calcaire de Gador.
B Schistes, gypses, grès et calcaires d'Albuñol.
A Schistes satinés de Motril.
x Schistes micacés.
ζ' Micaschistes grenatifères et amphibolites.

Muriana, des schistes micacés sur le calcaire de l'étage de Gador, inclin. N.; il repose sur des bancs de calcaire dolomitique jaune et de cargneules (étage d'Albuñol) recouvrant des schistes violacés très fins.

Au delà, à l'est, jusqu'à Orgiva, on reste sur ces schistes satinés, violacés et vert clair (S. 30° E.), contenant des lentilles de quartz avec chloritoïde.

De Lanjaron au pont d'Ifo il y a deux routes : l'une, sur la rive droite de la rivière, suit la crête de marbre blanc à trémolite déjà citée, incl. N. 80° O.; elle montre des lits de marbre, des calcaires épidotifères, des quartzites micacées et des micaschistes quartzeux grenatifères dominants; ce n'est qu'en descendant vers le pont qu'on passe par faille sur les calcaires du trias. L'autre route de

Lanjaron, presque impraticable, longe la rive gauche et suit d'une façon continue les escarpements des calcaires triasiques (C, D) gris-bleuâtre, à inclinaison dominante S. O.; elle traverse la rivière à l'est du pont d'Ifo et passe immédiatement par faille sur les schistes cristallins suivis par la route précédente; elle traverse peu après une seconde faille, avant les calcaires bleus (C, D) du pont d'Ifo.

En résumé, les Alpujarras sont formées dans leur ensemble de couches alternantes de schistes et de calcaires, inclinées principalement du S. au S. O. Ces couches sont repliées un grand nombre de fois sur elles-mêmes en plis synclinaux et anticlinaux parallèles, dirigés à environ 70° à l'est des Alpujarras et à environ 110° à l'ouest de la chaîne. En général, ces plis sont cassés suivant leur axe, et des témoins de micaschistes cristallifères, identiques à ceux de la sierra Nevada, sont ainsi ramenés au jour.

L'âge de l'étage du calcaire de Gador est seul déterminé, par la découverte de fossiles du muschelkalk faite par M. Gonzalo y Tarin dans la sierra de Gador. Il nous a fourni également des fossiles dans les Alpujarras, mais tous trop mauvais pour être déterminés. Les calcaires supérieurs (étage de Lentegi) peuvent être rattachés au trias ou à l'infra-lias. L'âge des schistes satinés et des schistes à chloritoïde (étages de Motril et d'Albuñol) reste complètement indéterminé. L'opinion de Haussmann, qui les rapporte au cambrien, a l'avantage d'être la première en date; elle est admise par M. Gonzalo y Tarin, et il n'y a pas de preuves suffisantes pour l'abandonner. La concordance apparente de ces schistes avec les calcaires triasiques et les ressemblances de ces schistes satinés avec les roches triasiques des Alpes occidentales ne contre-balancent pas à nos yeux l'objection tirée de l'antériorité de ces schistes à l'injection des filons quartzeux granulitiques qui les traversent, et que nous devons considérer, jusqu'à preuve du contraire, comme antérieurs au terrain houiller.

Nous classons donc, en terminant, comme suit la série des terrains qui constituent la partie de l'Andalousie située au sud de la sierra Nevada :

TRIAS.

D Calcaires dolomitiques blanchâtres de Lentegi.
C Calcaires bleus de Gador.

CAMBRIEN.

B Schistes, gypses, grès, calcaires dolomitiques jaunes d'Albuñol.
A Schistes satinés et schistes à chloritoïde de Motril.
x Schistes micacés, schistes et quartzites actinolitiques.

PRIMITIF.

ζ^2 Micaschistes grenatifères, amphibolites.

Rappelons enfin que la sierra Tejeda nous a montré un terme de plus, inférieur aux précédents, dans l'étage des gneiss amphiboliques et dolomies (ζ^1).

III. — STRUCTURE STRATIGRAPHIQUE DE LA CHAÎNE BÉTIQUE.

La disposition de ces couches, suivies dans les différents tronçons de la chaîne bétique, montre que cette crête montagneuse n'est pas seulement formée de strates plissées, redressées et faillées parallèlement à leur direction, mais qu'elle a en outre été disloquée et découpée en sierras distinctes par un second système de failles transverses, approximativement normales aux précédentes.

L'étage inférieur des gneiss et dolomies forme dans la serrania de Ronda, comme l'ont montré MM. Michel Lévy et Bergeron, deux plis anticlinaux parallèles, dirigés environ à 60° : celui du nord, passant par Yunquera, celui du sud, par la sierra de Mijas.

Cet étage forme également dans la sierra Tejeda un pli anticlinal, mais dont la direction à environ 135° ne peut se raccorder avec les couches équivalentes de la sierra de Mijas qu'en le supposant rejeté au large de Malaga par une faille. Si l'on tire une ligne de Alora à Malaga, on constate que de chaque côté de cette ligne les terrains schisto-cristallins ne se raccordent pas; cette ligne correspond en outre à la vallée du Guadalhorce et à un alignement de bassins tertiaires. Les couches de la sierra Tejeda ne peuvent se raccorder avec celles de la sierra de Mijas qu'en décrivant en mer un coude brusque en V, par suite duquel la direction des couches passe à 90°, comme on le constate de Torrox à Velez Malaga; elles viennent ainsi buter, au large de Malaga, sur la faille précitée.

Nous n'avons plus reconnu avec certitude, à l'est des monts de Velez Malaga, cet étage inférieur des gneiss et dolomies; la formation la plus ancienne dans ces régions est celle des schistes cristallins à minéraux, de l'étage supérieur, qui recouvre sans doute le précédent, en le cachant, dans la sierra Nevada. Ces schistes à minéraux forment dans la sierra Nevada un faisceau anticlinal principal, dirigé à environ 70°, qui ne se raccorde avec l'anticlinal de la Tejeda qu'en faisant de nouveau un coude brusque en V. Ce pli, très aigu, est nécessairement compliqué d'une faille, comme le prouve l'immense dénivellation qui met au même niveau l'étage inférieur des dolomies, d'un côté, et l'étage supérieur des schistes cristallins, de l'autre; en outre, on relève directement cette faille vers Molvizar et Motril, où les schistes cristallins butent contre les schistes de Motril. Cette faille transverse est sensiblement dirigée de Zafarraya à Motril.

A l'est de la sierra Nevada, nouveau changement brusque dans la direction du faisceau anticlinal de schistes cristallins, qui devient environ 60°; la ligne tirée de Guadix au cap de Gata correspond à un changement de direction; elle coïncide en même temps avec la terminaison de la sierra Nevada et avec l'alignement des dépressions tertiaires de Guadix.

L'allure des faisceaux schisto-cristallins de la chaîne bétique montre ainsi à l'observateur qu'en outre des forces qui ont déterminé leur redressement, leur direction dominante, leurs hautes inclinaisons et leurs failles longitudinales, ces couches ont été affectées par une série de grandes cassures transverses, accompa-

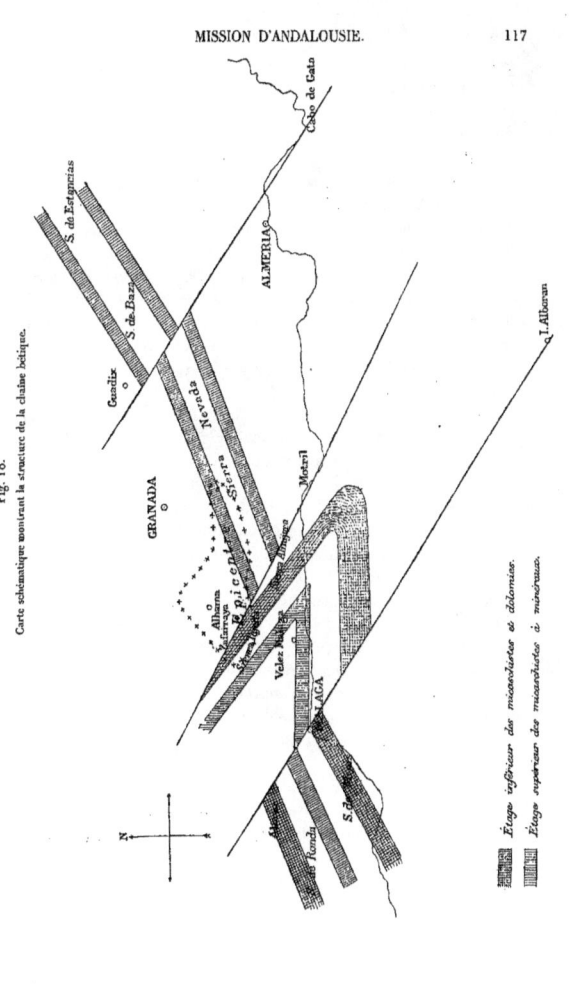

Fig. 10.
Carte schématique montrant la structure de la chaîne bétique.

gnées de rejets horizontaux. Ces failles transverses sont plus importantes pour le géologue que pour le géographe, car elles n'ont pas affecté l'uniformité de caractères de la chaîne qui sépare le bassin du Guadalquivir du bassin méditerranéen.

Les différents noms que les populations andalouses ont donnés à leurs montagnes, de la serrania de Ronda à la sierra de Baza, n'en sont pas moins en relation avec la nature même du sol. Les découpures qui partagent ces montagnes en un certain nombre de segments, à dénominations spéciales, ne sont pas de simples divisions superficielles, *barrancos* ou bassins dus à l'action des agents atmosphériques, des eaux superficielles : c'est de vive force que la chaîne bétique a été ployée; elle a été brisée après l'époque triasique en divers tronçons, qui ont chevauché les uns sur les autres et dont les dénudations tertiaires et post-tertiaires n'ont fait qu'accentuer les limites.

Telle est la raison pour laquelle de grandes vallées actuelles et divers bassins tertiaires se trouvent alignés suivant les grandes lignes de failles transverses que nous venons de décrire. Ces failles sont au nombre de trois principales dans la région étudiée : celle de Malaga, celle de Motril et celle de Guadix.

Si l'on trace sur une carte ces trois failles relevées indépendamment, on constate qu'elles sont parallèles entre elles, étant également dirigées à 120°.

Si l'on prolonge suffisamment ces trois failles transverses de chaque côté de la chaîne bétique, on remarque que la faille de Malaga passe à l'îlot volcanique d'Alboran, celle de Guadix au massif volcanique du cap de Gate, et celle de Motril dans la région de Zafarraya, déterminée comme épicentre du dernier tremblement de terre. Cet épicentre correspond nettement au sommet du coude anticlinal brisé que décrivent les couches de la sierra Tejeda vers la sierra Nevada.

Il semble donc qu'il y ait là un état d'équilibre instable de cet édifice bétique, assez bien représenté dans les monts de Velez Malaga par un arc tendu dont les deux extrémités seraient appuyées sur la Ronda, d'une part, sur la Nevada, d'autre part, et dont l'effort se traduit par une poussée continue sur les deux failles de Malaga et de Motril, qui le limitent de part et d'autre. Les multiples discordances de stratification et les oscillations du sol qui se répètent dans la région, depuis l'époque secondaire, peuvent, dans cette hypothèse, être attribuées à ce que la serrania de Ronda et la sierra Nevada ne contre-balancent pas exactement par leur masse ces poussées exercées sur leurs flancs.

Nous sommes ainsi amenés naturellement à regarder les failles transverses de Malaga, Motril, Guadix comme les lignes prédestinées suivant lesquelles seront surtout appelées à se manifester au dehors, dans la région bétique, les modifications d'équilibre ou les actions des forces souterraines.

DEUXIÈME PARTIE.

PÉTROGRAPHIE.

CHAPITRE PREMIER.

ROCHES FILONIENNES.

La région de l'Andalousie dont nous venons d'esquisser la structure stratigraphique est essentiellement constituée par des roches schisto-cristallines; les roches éruptives, les filons y font défaut ou à peu près.

1. *Filons de roches acides.* — On peut distinguer sous ce nom des nœuds, des glandules et des nappes généralement quartzeux, qui coupent transversalement les roches cristallophylliennes, au dépôt desquelles ils sont ainsi nettement postérieurs. Ces petits filons, larges de $0^m,01$ à $0^m,10$, traversent indifféremment les micaschistes à minéraux, les schistes à chloritoïde et les autres roches schisteuses.

Ils constituent le gisement de nombreux minéraux, parfois assez beaux; on y remarque, associés au quartz, feldspath orthose, plagioclase (albite?), andalousite, chloritoïde, pennine, mica blanc, sphène, fer oxydulé, fer titané, tourmaline, rutile, dolomie, sidérose. Ces minéraux toutefois ne se rencontrent pas associés dans les mêmes filons ni dans les mêmes gisements : les filons riches en andalousite rose et en mica blanc traversent les micaschistes à minéraux; les filons chargés de feldspath, de chloritoïde, de chlorite et de carbonates divers se trouvent toujours dans les schistes satinés ou avec chloritoïde. Ces derniers filons, assez abondants aux environs de Motril, rappellent d'une façon spéciale les filons chloriteux qui fournissent les célèbres minéraux de l'Oisans et du Saint-Gothard.

L'identité de ces espèces minérales avec celles qui constituent les roches cristallophylliennes, bien plus répandues, nous dispense ici d'une description détaillée; il suffira de noter leur plus grande pureté dans les filons; les lamelles de chloritoïde y sont pures, dépourvues d'inclusions; les cristaux d'andalousite sont roses, transparents et n'y présentent jamais les inclusions caractéristiques des chiastolithes. La disposition de ces cristaux dans le filon est généralement confuse, mais elle devient parfois régulière, symétrique aux salbandes; ainsi nous avons ramassé près de Motril un schiste à chloritoïde traversé par un filon quartzeux, qui présentait de chaque côté, au contact, de beaux sphérolithes de mica noir et de mica blanc.

La localisation indiquée des diverses espèces dans les divers filons montre qu'il convient de rapporter, au point de vue génétique, à un même phénomène la formation des mêmes minéraux dans le filon et dans la roche encaissante. L'andalousite et son cortège cristallisaient à l'état de pureté dans les géodes et les fissures de la roche, tandis que cette même espèce prenait naissance, au sein de la roche, dans un milieu chargé de nombreuses particules étrangères en suspension; le chloritoïde, d'autre part, présentait des relations de même nature dans les filons et dans le schiste à chloritoïde encaissant.

Ces divers filons de roches acides rentrent dans la catégorie des filons primaires de M. K. Lossen[1]. M. Michel Lévy les considère comme les terminaisons de filons granulitiques; on pourrait encore les comparer aux filons glandulaires décrits par M. Lehmann[2] dans le schiste, au contact du granite, de la région granulitique de la Saxe.

L'association de l'andalousite ou du chloritoïde dans ces filons à

---

[1] K. Lossen, *Zeitschr. der deutschen geol. Gesell.*, Bd. XXVIII, 1875, p. 967.
— [2] J. Lehmann, *Die Entstehung der altkrystall. Schiefergesteine*, Bonn, 1884, p. 67-69.

des minéraux fluorés, boratés, titanés, et l'abondance des inclusions liquides des quartz rattachent leur formation à des phénomènes d'émanation; d'autre part, la relation constamment observée entre les espèces constituantes du filon et celles de la roche encaissante prouve que les épontes n'ont pas joué un rôle purement passif. Ces deux faits établissent que les éléments volatils de ces filonnets de la sierra Nevada sont arrivés sous pression dans les couches encaissantes, mettant en jeu les affinités chimiques et favorisant les mouvements moléculaires. Ainsi ont pu cristalliser en même temps, dans la roche imbibée et dans les cheminées, les divers silicates observés, dont la nature se trouve toujours en relation avec la composition chimique initiale de la roche traversée.

2. *Filons de roches basiques.* — Les filons de cette nature sont très rares dans la partie de l'Andalousie que nous avons parcourue.

Nous avons signalé déjà dans la région littorale de Torrox de petits filons de diorite à amphibole, sphène, oligoclase, quartz et chlorite.

C'est ici qu'il conviendrait aussi de décrire les célèbres serpentines du barranco de San Juan, que les neiges ne nous ont pas permis d'aller étudier en place.

3. *Granulites gneissiques.* — On trouve interstratifiées en de nombreux points de la sierra Nevada (Lanjaron) et des monts de Velez Malaga (Canillas de Aceituno, Alcaucin, Competa), en lits de quelques centimètres à plusieurs mètres d'épaisseur, des roches blanches, schisto-cristallines, qui se distinguent surtout de celles que nous décrirons dans le chapitre suivant par l'abondance et l'état du feldspath qu'on y rencontre. A l'œil nu, ces roches sont des gneiss à mica blanc ou leptynites, très riches en tourmaline.

En lames minces, la tourmaline est en grands cristaux souvent terminés, de 3 à 10 millimètres, de couleur foncée et présentant des zones concentriques diversement colorées (Competa); elle est parfois complètement opaque sous le microscope et la plus polychroïque de celles qui nous soient connues, car elle donne des teintes noir-bleuâtre suivant n_g. Certains cristaux de tourmaline de Lanjaron se montrent découpés en une fine dentelle, par l'abondance des grains de quartz qui les pénètrent de toutes parts.

Les lamelles de mica blanc abondent en grands faisceaux incolores, non dichroïques, présentent les caractères ordinaires de la muscovite. Le feldspath triclinique est très irrégulièrement distribué, faisant même parfois défaut (Alcaucin); il est généralement en grains irréguliers, sans contours cristallins, formés de fines lamelles maclées, suivant la loi de l'albite; mais à cette première macle s'en superpose souvent une seconde en croix, suivant p, avec axe de rotation suivant l'orthodiagonale. Nous n'avons pas observé d'extinction supérieure à 15° dans la zone ph^1; de plus, l'extinction simultanée des lamelles dans la zone pg^1 nous fait rapporter ce feldspath à l'oligoclase. Certains feldspaths tricliniques de Lanjaron paraissent se rapporter mieux à l'albite; le microcline est aussi reconnaissable dans certaines préparations de cette localité. L'orthose, très répandu, est en grands cristaux déchiquetés, généralement ternis et altérés, plus abondants que les cristaux de feldspath plagioclase et froissés comme eux; ils sont remarquables par l'irrégularité de leur contour et injectés de plus par du quartz de corrosion en gouttelettes et en palmes, formant souvent autour d'eux une couronne qui les entoure d'une auréole de micropegmatite grossière, à extinctions simultanées. Le quartz en palmes n'est pas limité à l'orthose; il entoure souvent aussi les grains de feldspath triclinique, et l'on peut observer des grains de ce feldspath avec leur couronne de quartz palmé, inclus au centre de cristaux d'orthose, dont la bordure seule est également dentée par le quartz. Les feldspaths présentent assez souvent un commencement de décomposition; ils sont ternes et recouverts par une poussière à aspect talqueux. Le quartz se présente en outre dans cette roche en grains disséminés, abondants, de formes irrégulières, souvent accolés entre eux suivant des lignes sinueuses et à orientations optiques différentes; ces grains sont entiers, intacts, non fendillés, comme le sont souvent ceux des gneiss.

L'abondance de l'orthose avec ses auréoles de quartz palmé caractérise cette roche et la distingue des micaschistes gneissiques de la région. On y trouve, en outre des minéraux précités, sphène, fer oxydulé, grenat rare, zircon, rutile rare, mica noir, chlorite et calcite. La calcite est limitée aux leptynites de Lanjaron, qui se trouvent au voisinage des cipolins. Le mica noir, peu abondant (Competa, Alcaucin), est en lamelles dichroïques, brun-verdâtre, souvent altéré et épigénisé en mica blanc.

Les minéraux qui constituent la roche ont généralement des contours irréguliers, comme s'ils étaient nés en même temps pour la plupart, en se gênant réciproquement dans leur croissance. La répartition des grains de quartz et de feldspath est irrégulière, rendant la leptynite plus quartzeuse ou plus feldspathique par places, comme celle des environs d'Heidelberg d'après MM. Benecke et Cohen[1]; la grosseur des grains est également très variable.

Les caractères minéralogiques de ces roches les rapprochent beaucoup des gneiss rouges de la Saxe, qui ont déjà été l'objet d'un si grand nombre de travaux: sédimentaires pour MM. Credner, Kalkowsky, Jentzsch, Gümbel, Andrian, ces gneiss acides sont considérés comme éruptifs par MM. H. Müller, von Cotta, Scheerer, Stelzner, Förster, Jökely, Naumann. Pour M. J. Lehmann[2], les lits minces de gneiss rouge, régulièrement interstratifiés en Saxe, comme ceux que nous décrivons ici, résultent de l'injection d'un granite à muscovite dans des strates schisto-cristallines.

Notre course en Andalousie a été trop rapide pour apporter de nouveaux documents à une question si controversée; nous n'avons pu toutefois observer, dans ce massif de la sierra Nevada, aucun filon transverse permettant d'établir l'origine éruptive de cette granulite gneissique.

---

[1] Benecke et Cohen, *Abriss der Geol. von Elsass*, Strasbourg, 1879, p. 2. —
[2] J. Lehmann, *Entstehung der altkrystall. Schiefergesteine*, Bonn, 1884, p. 19.

CHAPITRE II.

I. — ROCHES SÉDIMENTAIRES ET CRISTALLOPHYLLIENNES.

Les roches cristallophylliennes de l'Andalousie décrites dans ce mémoire sont des roches d'origine sédimentaire. L'ordre de solidification des minéraux constituants n'est pas l'ordre de fusibilité, il est au contraire le même que dans les sédiments paléozoïques de Bretagne, où ces silicates se sont développés sous l'influence du métamorphisme de contact. Les roches cristallophylliennes de cette partie de l'Andalousie sont des roches d'origine métamorphique, dont *l'âge primitif,* admis par tous les auteurs, n'est pas suffisamment établi.

Micaschistes. — Les micaschistes de la sierra Nevada et des monts de Velez Malaga sont essentiellement formés de quartz et de mica. Au microscope, le quartz est en granules nettement limités, anguleux, réguliers, subhexagonaux ou elliptiques, cimentés par des feuillets assemblés parallèlement d'un mica noir, de consolidation simultanée. Ce mica se compose de lamelles brunes, très dichroïques, transparentes, à clivage bien marqué, parallèle à la schistosité; elles ne présentent pas de contours polyédriques et sont empilées en feuillets superposés, irréguliers, étendus suivant la stratification (col de la Ragua, Albondon, Motril, Jubar).

Le mica blanc est très répandu dans les micaschistes de cette région, sous forme de grosses piles irrégulières, revêtant tous les caractères de la muscovite type. Les sections normales à la stratification montrent avec une netteté particulière sa disposition dans le schiste. Ses lames n'y sont pas, en effet, disséminées irrégulièrement dans la masse; elles sont concentrées en certains points, avec leurs clivages disposés obliquement ou normalement à la stratification du schiste. Les lames de clivage montrent deux axes ($2V = 40°$) autour d'une bissectrice négative.

Micaschistes grenatifères. — Les micaschistes grenatifères sont les roches les plus répandues de la sierra Nevada; nulle part peut-être il n'existe de semblable accumulation de grenats. Ces micaschistes sont généralement assez grossiers et de couleur sombre; très souvent ils méritent le nom de schistes écailleux, à cause de leur structure schisto-conchoïdale, due à l'agencement des écailles en lames ondulées des micas, qui ne sont pas disposés ici comme dans les phyllades en membranes planes parallèles. Il est difficile de prendre de bons échantillons de ces schistes; un coup de marteau donné sur un bloc le clive généralement en nombreux éclats lenticulaires, à surface micacée, lustrée, nacrée.

Des schistes écailleux analogues forment en Bretagne une grande partie du canton de Scaër.

L'abondance des grenats donne parfois à la roche un aspect grenu, rugueux; mais les débris de la roche altérée présentent encore alors le même aspect lenticulaire, grâce à l'enduit micacé (biotite ou muscovite) qui revêt toujours ces grenats, en les isolant ainsi de la pâte du schiste.

La taille de ces grenats varie beaucoup: le plus souvent microscopiques, ils atteignent exceptionnellement 1 centimètre; il ont en général 4 à 5 millimètres de diamètre; leur couleur est le rouge-brunâtre, leur forme la plus habituelle est celle du rhombo-dodécaèdre.

En lames minces, ils présentent une teinte rouge-jaunâtre, une surface chagrinée caractéristique, et sont isotropes. Ils sont généralement moins riches en inclusions que ceux du Saint-Gothard[1] et d'Auerbach[2]; ces inclusions ne présentent qu'exceptionnellement (à la rambla de Gualchos) la disposition régulière suivant les axes cristallographiques, signalée par M. Renard[3] pour les grenats de

[1] Delesse, *Annales des mines*, 5ᵉ sér., t. XII, p. 761. — [2] Knop, *Zeitschr. der deutschen geol. Gesell.*, Bd. XXIV, 1872, p. 421. — [3] A. Renard, *Bull. Mus. royal d'hist. nat. de Bruxelles*, t. I, 1882, p. 18.

Bastogne. Le rutile, le graphite, le mica et le quartz sont les minéraux le plus habituellement inclus dans ces grenats; ce dernier est cependant de formation plus récente que le grenat, il est en très petits grains, irréguliers, arrondis, et remplace peut-être des inclusions anciennes altérées et disparues. Ces grains de quartz sont en effet alignés; ils sont plus abondants dans les cristaux fendillés que dans les autres, et souvent concentrés dans leur partie centrale ou limités à un côté de leur périphérie.

Nombre de préparations nous ont montré ce même fait, que tous les grenats de la plage examinée étaient traversés par des joints rectilignes parallèles entre eux. Ces joints ne sont nullement les clivages du grenat, ce clivage étant incompatible avec le système et ces joints étant de plus parallèles entre eux dans les divers échantillons. Nous croyons, avec M. Renard, qui a le premier signalé un fait analogue dans les roches grenatifères de Bastogne, qu'on doit expliquer ces joints par les actions mécaniques dont on trouve partout les marques puissantes dans ce massif de la Nevada. Les grenats enchâssés dans la roche solide auront subi avec elle l'influence de la pression et se seront fendus suivant des joints parallèles, en relation avec la schistosité. Le quartz forme souvent des glandules suivant ces lignes.

Ces grenats fournissent encore une autre preuve des pressions inégales auxquelles ils ont été soumis dans les roches : ils ont traîné dans la roche postérieurement à sa formation (Jubar), et le sillon qu'ils ont laissé a été rempli postérieurement par des prismes enchevêtrés de quartz, passant au quartz de corrosion déjà signalé dans certains grenats, et identiques aux revêtements quartzeux également signalés par M. Renard[1] autour des cristaux de magnétite qui forment les nœuds des phyllades de Rimogne, et par M. Luedecke autour des cristaux de grenat de Syra.

Ces grenats, généralement bien conservés, montrent quelquefois d'intéressants phénomènes d'altération; ils sont alors entourés d'une

---

[1] A. Renard, *Bull. Mus. royal d'hist. nat. de Bruxelles*, t. II, 1883, pl. VI.

couronne de limonite, de chlorite, ou se transforment plus ou moins complètement en mica noir, suivant le mode décrit par M. Lehmann [1]. Le mica noir est développé en nombreuses petites piles à la périphérie du grenat, ou remplit les fissures qui le traversent; la substance du grenat se trouve réduite à un noyau plus ou moins rongé suivant les cas, tandis que l'ensemble des piles de mica noir formées à ses dépens reproduit le contour extérieur hexagonal du cristal primitif de grenat (Mairena, Motril, Sartaero).

Le grenat se trouve quelquefois entouré par du mica blanc; il a dans ce cas conservé ses angles et ses arêtes vives, et les nombreuses petites piles de mica muscovite forment seulement à sa surface un revêtement serré (nord de Velez Malaga). Des sections normales aux feuillets du schiste montrent bien la postériorité du mica blanc au grenat; des lamelles de mica blanc, formant un lit continu, séparent, dans une préparation de Sartaero, les deux moitiés d'un grenat brisé dans la roche.

En outre des grenats, qui en constituent la masse principale, les micaschistes grenatifères de la sierra Nevada contiennent encore : mica noir, mica blanc, quartz, grains de fer magnétique et de charbon, aiguilles de tourmaline de 0,2 à 0,3 millimètres. Ces éléments sont identiques à ceux que nous avons décrits dans les micaschistes ordinaires. Le zircon nous a paru assez commun dans ces roches, au nord de Jubar, en petits cristaux de $0^{mm},2$ de long, incolores, fort réfringents, donnant la seconde teinte sensible, positifs suivant l'allongement.

La staurotide (Sartaero, Mamola), l'andalousite (Jatar), le rutile et exceptionnellement le feldspath (Jubar) sont des éléments qui s'ajoutent parfois aux précédents; ils présentent les mêmes caractères que dans les micaschistes à andalousite que nous allons décrire. La staurotide, quand elle existe dans les micaschistes grenatifères, est incluse dans le grenat (rambla de la Mamola).

---

[1] D' J. Lehmann, *Die Entstehung der altkrystall. Schiefergesteine*, Bonn, 1884, p. 223, pl. C, fig. 3.

Micaschistes à andalousite et à staurotide. — Les micaschistes à andalousite et à staurotide (pl. XXXVIII, fig. 2), très répandus dans le massif de Velez Malaga et vers Lanjaron, conservent en Andalousie un aspect assez constant, qui n'est, à l'œil nu, ni celui des schistes compacts, cornés, du plateau central ou des Vosges, ni celui des schistes à grands cristaux porphyroïdes de Bretagne et des Asturies. Ce sont des micaschistes noirâtres, à grandes lames ondulées, membraneuses, de mica blanc ou noir, qui se divisent très facilement suivant ces plans micacés; suivant leur tranche, ils paraissent glanduleux, remplis de glandules elliptiques aplatis, de $0^m,01$ sur $0^m,001$ à $0^m,002$, appartenant au quartz, à l'andalousite et à la staurotide. On ne peut en général reconnaître à l'œil nu la forme de ces éléments. Parfois on trouve une plaque de schiste clivée suivant un des plans d'alignement des glandules. Les andalousites et les staurotides se montrent alors sous forme de prismes noirâtres, de $0^m,01$ à $0^m,02$ sur $0^m,002$ à $0^m,003$, fasciculés ou rayonnants, et uniformément couchés dans ce même plan. La sillimanite, en très fines aiguilles, forme dans certains cas des délits analogues, remarquables par leur teinte d'un blanc de neige.

Au microscope, ces micaschistes se montrent uniformément composés de quartz, mica noir, mica blanc, comme les micaschistes grenatifères; ils contiennent en outre abondamment andalousite, staurotide, granules de graphite, fer oxydulé, fer titané, ainsi que, sporadiquement, sillimanite, tourmaline, zircon, grenat, disthène.

L'andalousite ne présente pas de contours nets : exceptionnellement, on reconnaît les faces m, p, e^1; elle est souvent incolore, parfois colorée en noir par les inclusions charbonneuses qui la remplissent, ou présente une belle coloration fleur de pêcher (Rubite, rio Patamalara, Agron, Albondon). Leur nombre n'est pas plus grand au microscope qu'à l'œil nu, les dimensions de ces cristaux restant sensiblement constantes en Andalousie, ne descendant jamais à des dimensions microlithiques, ni n'atteignant jamais les proportions qu'on leur connaît dans le nord de l'Espagne.

Ces cristaux rhombiques présentent en lames minces les extinctions caractéristiques du système; leurs clivages m, m se distinguent nettement, en traits rectilignes, discontinus. Les axes optiques situés dans le plan g^1 sont très écartés. La bissectrice n_p est négative, parallèle à l'axe vertical. Les rayons polarisés donnent, en vibrant suivant :

n_p, rouge-chair;
n_m, jaune-verdâtre pâle;
n_g, jaune-verdâtre pâle.

Les couleurs suivant n_m, n_g ne sont pas distinctes dans nos préparations; au contraire ces cristaux, taillés suivant mm, se distinguent tout de suite des cristaux d'orthose, sillimanite, staurotide, notamment dans les lamelles un peu épaisses, par la belle teinte rose qu'ils présentent quand ils sont couchés parallèlement à la plus courte diagonale du nicol. M. Michel Lévy a constaté dans les sections perpendiculaires à la normale optique positive n_g l'existence d'anomalies optiques qui empêchent une seule et même plage de s'éteindre simultanément dans toute son étendue. La biréfringence est de 0,011.

En cristallisant, les andalousites ont englobé des substances charbonneuses en grains fins, qui les remplissent complètement ou font parfois complètement défaut : elles ne présentent qu'exceptionnellement (Agron, Jatar) la distribution symétrique si ordinaire dans les andalousites. Le mica noir et le quartz, qu'on y observe assez souvent inclus en petites lamelles ou en grains arrondis, sont toujours limités à la périphérie ou alignés suivant des fentes, et sont de formation postérieure. Ces cristaux d'andalousite sont parfois épigénisés par un minéral micacé, écailleux, palmé, blanc-jaunâtre, ou un peu fibreux et disposé radiairement. Ces palmes présentent au microscope l'aspect des micas blancs; la transformation se fait graduellement de dehors en dedans (rio Patamalara, Jatar). Nous avons ramassé à Agron des échantillons de schiste à andalousite curieusement dépourvus de mica noir.

La staurotide est disposée dans la roche de la même façon que l'andalousite, à laquelle elle est d'ailleurs généralement associée (Lanjaron, Torre del Mar, rambla de Gualchos, Jayena); nous ne connaissons encore aucun exemple de cet assemblage dans les micaschistes primitifs de Bretagne, où ces deux minéraux sont cependant si répandus. Ce n'est que dans les terrains siluriens et dévoniens métamorphisés de l'arrondissement de Morlaix qu'on trouve, en Bretagne, des roches analogues à celles que nous décrivons ici.

La staurotide des micaschistes andalous varie en général de 2 à 4 millimètres de long sur 1 millimètre de large, et nous ne l'avons jamais recueillie à l'état de gros cristaux de plusieurs centimètres, comme dans les terrains cambriens de Bretagne. Elle est cristallisée en prismes allongés suivant mm, présentent les faces ordinaires m, g^1, p, un clivage facile suivant g^1 et un autre moins marqué suivant m. Le plan des axes optiques est perpendiculaire au clivage g^1; la bissectrice aiguë positive est parallèle à l'arête d'allongement mm. Les teintes de polychroïsme sont très caractéristiques, donnant :

n_g, jaune d'or;
n_m, brun-jaunâtre pâle;
n_p, jaune pâle.

Le plus grand nombre des cristaux de staurotide est simple dans les micaschistes d'Andalousie comme dans ceux de Bretagne; chez les individus maclés, la macle à 60° est plus commune que celle à 90°.

Des micaschistes ramassés dans la rambla de la Mamola (pl. XXXVIII, fig. 2) nous ont fourni des cristaux de staurotide paraissant simples extérieurement, mais montrant au microscope des lamelles larges, peu nombreuses, maclées à 60°.

Les inclusions sont nombreuses dans la staurotide : graphite, pores à gaz, quartz, mica noir; l'abondance du graphite est exceptionnelle, elle donne à certains cristaux de staurotide (Lanjaron) une teinte complètement noire; d'autres cristaux à bords limpides ont leur intérieur rempli de charbon disposé suivant a^1. La postériorité du quartz et du mica noir est établie par le fait que certains cristaux de staurotide en débris, brisés suivant des lignes de division facile, parallèles à *p*, sont cimentés par la pâte quartzo-micacée. De plus, l'alignement des granules quartzeux et micacés qui constituent le schiste se poursuit parfois à travers la substance de la staurotide sous forme d'inclusions alignées. Le quartz et le mica noir ont cristallisé postérieurement à la staurotide et à l'époque où la roche acquit sa structure feuilletée; la staurotide et le grenat sont souvent en débris dans la roche (Sartaero, Competilla). La staurotide est parfois incluse dans le grenat (rambla de Mamola); par contre, le grenat est antérieur à l'andalousite, où il se trouve en inclusions (rio Patamalara).

Le mica noir est en petites lamelles enlacées, à l'état naissant, ou en grandes lamelles brunâtres, très dichroïques, à clivage facile, à un axe, négatif. Les lamelles en sont pures, remarquablement grandes, à contours irréguliers, non polyédriques, et ne contiennent guère comme inclusions que de petits cristaux de zircon, parfois nombreux, et des granules de quartz sans doute secondaire. La disposition de ces lamelles de biotite est assez irrégulière, elles sont enchevêtrées, forment des traînées peu étendues, qui n'ont pas toutefois été disloquées par la cristallisation du quartz, si abondant dans la roche. Elles sont généralement, au contraire, dérangées au voisinage des cristaux de staurotide et d'andalousite, qu'elles entourent en les moulant irrégulièrement, ou qu'elles pénètrent suivant leurs fissures en compagnie du quartz.

Le mica blanc présente les caractères propres de la muscovite en grandes lames. La tourmaline, très dichroïque, présente parfois (Competilla) la même teinte noir-bleuâtre suivant n_g que dans les granulites gneissiques décrites plus haut.

Le quartz, qui forme presque toute la masse du schiste, est en grains distincts, ellipsoïdaux et parfois dihexaédriques. Les inclusions solides y sont rares; les inclusions liquides, plus nombreuses, montrent des bulles mobiles à la température ordinaire. Le mica noir, parfois inclus, se trouve généralement entre les grains de quartz, et il en est de même des granules charbonneux si abondants dans la roche, et dont la formation est certes bien antérieure à celle du quartz.

Le disthène, en prismes allongés suivant mt, cassés à leurs extrémités, clivés et maclés finement suivant leur allongement, et s'éteignant très obliquement, a été recueilli par MM. Michel Lévy et Bergeron près d'Almuñecar, par M. Bréon près de Lanjaron.

La sillimanite en aiguilles rappelle l'aspect connu de l'apatite (Ruite, au nord de Velez Malaga). Les faces les plus développées sont celles du prisme mm; elles présentent des cassures transversales et s'éteignent en long sous les nicols croisés; ces prismes sont généralement terminés à leurs extrémités par des fibres et ne nous ont pas présenté de faces terminales. Ces fibres, très répandues dans ces roches, ressemblent beaucoup à certains produits de décomposition de l'andalousite (rio Patamalara).

Le dernier minéral de ces micaschistes, sur lequel nous croyons devoir appeler l'attention, est visible à l'œil nu sous forme de petites lamelles noires, miroitantes, circulaires; au microscope, elles sont opaques, noires, présentant dans les parties bien conservées un reflet métallique gris d'acier (Jatar, Gualchos). Leurs formes sont assez variées dans les sections, par suite de leur semis irrégulier en tous sens dans la roche. Les sections taillées suivant les lamelles sont grossièrement arrondies et à contour subhexagonal irrégulier; elles sont entourées d'une zone incolore ou jaunâtre de substance micacée ou de quartz grenu; leur partie centrale est opaque, mais fissurée irrégulièrement, trouée en nombre de points, suivant lesquels s'observe un enduit grisâtre ou jaunâtre, à bords ombrés, rappelant l'enduit de sphène de certains fers titanés des roches basiques. Les sections transversales sont minces et allongées, leur forme est renflée au centre, atténuée aux extrémités, de manière que la section paraisse en fuseau; ces sections sont donc elliptiques et les lamelles ont une forme discoïde, correspondant à des lamelles hexagonales, en rhomboèdres très aplatis.

Elles paraissent identiques par ces caractères aux paillettes si abondamment répandues dans les schistes métamorphiques de

Paliseul (Ardennes) et signalées par l'un de nous en divers points des Asturies. M. Renard [1] est arrivé à déterminer leur nature minéralogique en les isolant à l'aide du borotungstate de cadmium; elles lui ont donné à l'analyse qualitative du fer, du manganèse, de l'acide titanique. Une recherche quantitative montre que le minéral en question est du fer titané manganésifère se rapportant à l'ilménite.

L'un de nous [2] a déjà fait remarquer l'appauvrissement ordinaire, en microlithes de rutile, des schistes métamorphiques, à mesure que cette ilménite s'y montre avec plus d'abondance.

Micaschistes feldspathiques et gneiss granulitiques. — Les micaschistes feldspathiques ou gneiss granulitiques sont des roches feuilletées, à surfaces ondulées, riches en lamelles de mica noir et de mica blanc, à contours plus ou moins nets et montrant, au moins sur leurs tranches, sinon sur leurs faces, des grains de quartz et des grains plus gros, transparents, clivés, de feldspath. Au point de vue lithologique strict, ce sont des gneiss; leur gisement principal est dans l'étage inférieur des gneiss et micaschistes de la sierra Tejeda, mais on les trouve également dans l'étage des schistes cristallifères, à Canillas de Aceituno, à Mairena, à Competa et en divers points de la sierra Nevada.

Les micas présentent au microscope les mêmes caractères que dans les micaschistes précédents. On reconnait, en lames minces, que la quantité de feldspath est très variable; parfois réduit à la condition de minéral accidentel, il est parfois plus abondant que le quartz lui-même. Il ne présente pas de formes cristallines nettes, bien terminées, mais se trouve généralement en grains arrondis, irrégulièrement limités. Souvent les contours de ces grains sont accusés par des paillettes de mica blanc groupées autour d'eux ou par un cadre de limonite. Ces grains feldspathiques appartiennent pour le plus grand nombre à l'orthose; ils sont en général très bien

---

[1] A. Renard, *Bull. Mus. royal d'hist. nat. de Bruxelles*, t. III, 1884, p. 31. —
[2] Ch. Barrois, *Annal. Soc. géol. du Nord*, t. XII, 1884, p. 117.

conservés, transparents. Ils sont étroitement associés au quartz, en filonnets, en grains, en gouttelettes, et d'une façon si intime qu'on peut supposer qu'ils ont pris naissance en même temps. Ces cristaux d'orthose sont généralement simples et s'éteignent alors d'un seul coup sous les nicols; parfois ils présentent la macle de Carlsbad. Ils sont allongés suivant pg^1.

Parfois aussi répandues que ce feldspath orthose, se trouvent disséminées dans la roche des lamelles polysynthétiques de plagioclase, qui présentent sous les nicols croisés des extinctions voisines de celles de l'oligoclase. Ces cristaux de feldspath triclinique atteignent de grandes dimensions, sont très frais, à angles vifs, très finement maclés, avec les macles de l'albite et du péricline, à Competa, à Canillas. Le quartz abonde sous forme de gros grains irréguliers, granulitiques, enchevêtrés entre eux et chargés d'inclusions liquides à bulle parfois mobile à la température ordinaire.

Ils présentent la polarisation d'agrégat, chaque grain ne s'éteignant pas d'un seul coup sous les nicols croisés, mais offrant un aspect moiré dû à des extinctions successives qui s'étendent de proche en proche. Ce quartz est de formation plus récente que le feldspath; il est parfois inclus à l'état de petites lamelles dans le mica blanc; il présente les caractères du quartz secondaire. Il est parfois tellement abondant dans certains lits que la roche passe à des quartzites micacées.

Ces micaschistes contiennent en outre diverses espèces minérales, moins abondantes que les précédentes et déjà décrites en détail en traitant des micaschistes à minéraux, tels que grenat, fer oxydulé, graphite, staurotide, andalousite, épidote. On peut les classer en deux séries : les *micaschistes feldspathiques*, riches en minéraux variés, mais ne renfermant qu'accidentellement des grains de feldspath (Jatar, Jubar, Agron, Lanjaron), et les *gneiss granulitiques*, très chargés de feldspath, mais ne renfermant que de rares débris des minéraux précités (Canillas, Competa). Ces débris sont toujours limités dans la roche aux traînées plus ou moins disloquées de mica noir associé à de très fines houppes fibrolithiques.

II. — SCHISTES.

Les schistes dont la description suit appartiennent à la formation cambrienne, telle que nous l'avons définie plus haut, pour cette région. Ils ont été généralement désignés jusqu'ici sous les noms de *talcschistes* et de *schistes chloriteux* : ce sont des *phyllades*.

Schistes satinés. — Les schistes satinés versicolores, fins, doux au toucher, si développés dans les Alpujarras, sont définis par M. de Botella[1] comme des schistes argileux bariolés, à feuillets lustrés; ils se distinguent toujours sur le terrain à leur altération profonde, toujours avancée, et à leurs vives couleurs de décomposition : gris-rose, violacé, passant au vert et au brun (*launas* des Andalous).

Haussmann[2] signala le premier la tendance des schistes des environs d'Adra et des Alpujarras à passer aux talcschistes et aux chloritoschistes; ce sont sans doute ces schistes que Ezquerra del Bayo[3] désignait sous le nom de *weisstein*.

On doit à M. Luis de la Escosura[4] l'analyse suivante des *launas* de Carthagène, décrites également par M. Massart[5] et identiques, d'après M. de Botella[6], à celles des Alpujarras :

Silice	39,88
Alumine	15,22
Oxyde de fer	25,53
Chaux	3,61
Eau	15,47
	99,71

---

[1] F. de Botella, *Descripc. de la prov. de Almeria* (*Bol. Com. mapa geol. de España*, t. IX, fasc. II, 1882, p. 38).

[2] J. Haussmann, *Abhandl. der königl. Societät der Wissenschaften zu Göttingen*, Bd. I, 1838, p. 273.

[3] Ezquerra del Bayo, *Neues Jahrbuch für Miner., Geol. und Pal.*, 1841, p. 353.

[4] Luis de la Escosura, cité par M. de Botella.

[5] Massart, *Gisements métallifères de Carthagène* (*Annal. Soc. géol. de Belgique*, t. II, 1874, p. 62).

[6] F. de Botella, *loc. cit.*

Cette analyse correspond à peu près à la composition des schistes à séricite; nous ne savons toutefois si elle correspond à la composition de toutes les launas des Alpujarras, caractérisées par leur aspect lustré, satiné, et leur poussière si douce au toucher. Deux essais, toutefois, que nous avons faits de la matière micacée des launas, par le procédé Behrens, sur un échantillon recueilli à Motril et un autre recueilli à Murtas, nous ont montré la présence de l'alumine et permis de rapporter ces paillettes blanches à la séricite plutôt qu'au talc.

Nous devons cependant rappeler le fait signalé par M. Luis Natalio Monreal[1], que, dans les launas d'Almeria, on exploite de la stéatite industriellement; M. von Drasche[2] signale également la stéatite en petits feuillets dans les launas des environs de Carataunas et désigne ces roches sous le nom de *talcschistes*.

Ces schistes satinés de l'étage de Motril se séparent assez facilement en feuillets minces, à surfaces planes, satinées; très souvent les feuillets schisteux alternent finement avec de petites nappes de quartz glandulaire.

Au microscope, ces roches sont formées essentiellement de quartz et de séricite. Les grains de quartz sont très petits, à contours vagues, indécis, dans les sections parallèles aux feuillets; on reconnaît dans les sections normales que ces grains sont régulièrement elliptiques, très minces, étirés, gneissiques. Ils n'ont aucun caractère de clasticité. Ils sont entourés, cimentés par de petites paillettes de séricite assemblées entre elles en un tissu continu; elles sont très abondantes, les grains de quartz y sont presque entièrement noyés dans les sections parallèles. En outre de ces deux minéraux essentiels, on reconnaît encore dans ces schistes de la chlorite en houppes vertes, dichroïques, allant du vert pâle au vert brun; du graphite (graphitoïde) en granules irréguliers, chagrinés, quelquefois du mica noir (Murtas); de la pyrite et ses produits de décomposition, et enfin, aux forts grossissements, des microlithes de

---

[1] S. D. Luis Natalio Monreal, *Bol. Com. mapa geol.*, V, p. 310. — [2] Von Drasche, *Jahrb. der K. K. geol. Reichsanstalt*, Bd. XXIX, 1879, p. 104.

tourmaline, de 4 à 6/100 de millimètre, et des baguettes de rutile, de 1 à 2/100 de millimètre.

Ces microlithes se trouvent en grande quantité dans les schistes de cet étage; ils sont allongés, très minces, la plupart droits, simples ou présentent parfois l'apparence ondulée signalée par M. Zirkel; ils présentent souvent encore des macles géniculées simples, doubles ou assemblées en trémies. Ils sont beaucoup plus minces que ceux que nous décrirons dans les amphibolites, mais en bien plus grand nombre. Ces microlithes sont couchés à plat suivant les feuillets, de sorte qu'ils sont invisibles dans les sections transversales; on constate, dans les sections parallèles aux feuillets, qu'ils présentent toutes les orientations possibles dans les plans où ils sont couchés. La forme, la biréfringence considérable (0,28) et les macles de ces microlithes ne laissent aucun doute sur leur identité avec les *Nädelchen* des schistes allemands, rapportés au rutile par MM. van Werveke, Cathrein et Sauer.

Nos préparations de Murtas nous ont, en outre, montré dans ce schiste des débris de feldspath, comme dans certains schistes de la Saxe, où il a été rapporté à l'albite par MM. Siegert[1] et Dalmer[2].

Schistes à chloritoïde. — Les schistes à chloritoïde des Alpujarras (pl. XXXVIII, fig. 1) ont une structure schisteuse franche, à feuillets plans, luisants, et présentent à l'œil l'aspect bien connu des chloritoschistes, auxquels on les a rapportés jusqu'ici[3]. Quelques lits passent au micaschiste dans la sierra Nevada (col de la Ragua), par le développement de grandes lamelles de mica blanc et de piles de mica noir.

L'étude attentive de ces schistes montre qu'ils sont essentiellement formés par des grains irréguliers de quartz, réunis tantôt

---

[1] Siegert, *Erläut. zu Sect. Burkhardtsdorf der geol. Karte des Königr. Sachsen*, p. 13.

[2] Dalmer, *Erläut. zu Sect. Lössnitz der geol. Karte des Königr. Sachsen*, p. 7.

[3] Gonzalo y Tarin, *Descripcion de la provincia de Granada* (Bol. Com. mapa geol. de España, t. VIII, 1881, p. 36).

par des lames entrelacées, tantôt par des membranes plus ou moins étendues et épaisses, ondulées, de mica blanc; ils contiennent en outre comme élément essentiel le minéral vert que nous rapportons au chloritoïde. Ils renferment aussi rutile, zircon, sphène, tourmaline, charbon, fer oligiste, fer oxydulé, biotite, chlorite et parfois calcite, en petits lits (Velez de Benaudella, Mamola, Albuñol). La plupart de ces minéraux présentant les mêmes caractères que dans les autres schistes précédemment décrits, nous nous bornerons ici à la description du chloritoïde, qui constitue l'élément caractéristique de la roche, de Motril à Adra.

Le chloritoïde de Motril (51) est généralement en cristaux tabulaires de grandeur très variable, bleu-verdâtre foncé, brillants, clivables suivant la base; souvent il est distribué irrégulièrement dans le schiste, à la façon des cristaux de chiastolithe des schistes maclifères, et des ottrélites des schistes ottrélitifères des Ardennes. Les lamelles varient en moyenne de $0^{mm},1$ à $0^{mm},2$, une même couche schisteuse contenant des cristaux de diamètre sensiblement constant. La forme de ces lamelles est très difficile à reconnaître exactement : elles sont généralement contournées, ridées, curvilignes, irrégulières; elles ne nous ont pas présenté de contour polygonal régulier. La forme rhombique d'un certain nombre de ces tables, presque parallèles à la base, paraît due à des clivages suivant les faces m, t du prisme.

Ces tables se divisent beaucoup plus facilement toutefois suivant leur base p, donnant ainsi naissance à des lamelles de clivage plus ou moins fines. Ces lamelles ressemblent à celles des micas, mais sont toujours moins fines, plus dures et cassantes au lieu d'être élastiques et flexibles. Elles sont translucides et ont un éclat faiblement nacré; ces lamelles se cassent suivant d'autres clivages déjà mentionnés, suivant lesquels elles ont un éclat résineux. Ces clivages présentent sur le plan du clivage principal une très faible obliquité; leur angle plan, mesuré au microscope sur les lames minces taillées suivant la base et sur un certain nombre de lamelles de clivage suivant p, nous a donné près de 120°.

9.

Le clivage suivant p, moins facile que dans les micas, est plus facile toutefois que dans l'ottrélite des Ardennes; il est du reste facilité ou plutôt exagéré par sa coïncidence avec une macle très commune dans l'espèce. Ces cristaux tabulaires sont formés de lames hémitropes, accolées suivant les faces m, t d'après M. Lacroix[1], et empilées parallèlement au clivage principal, mais avec pénétration et rotation de 120° autour d'un axe perpendiculaire à p, autant qu'on en peut juger. Cette macle est donc analogue à celle des micas.

Les sections minces taillées parallèlement à la base p, ou les lamelles obtenues par le clivage assez facile dans cette direction, s'éteignent suivant les diagonales des clivages plus difficiles, prismatiques. Bissectrice positive, un peu oblique sur p. Dispersion considérable, $\rho > v$ avec dispersion horizontale. Le plan des axes optiques est sensiblement parallèle au plan bissecteur de l'angle obtus des clivages difficiles.

Les sections taillées suivant p sont toujours maclées, elles présentent parfois des extinctions symétriques à 30° de chaque côté de la ligne de macle m, et plus souvent des extinctions moins nettes, roulant d'un côté de la plage à l'autre, accusant des pénétrations irrégulières.

Dans les préparations microscopiques, le plus grand nombre des sections est oblique à p; elles ont alors la forme de parallélogrammes très allongés, passant du jaune-verdâtre au vert-bleuâtre; les bords allongés de ces parallélogrammes sont des droites remarquablement nettes, mais les deux autres extrémités sont des lignes brisées, déchiquetées, dentelées suivant les clivages. Dans les plaques taillées perpendiculairement au clivage facile, les sections en zones suivant pg^1 et h^1g^1 montrent, en outre des traces parallèles de ce clivage, de longues bandes diversement colorées qui leur sont parallèles : ces bandes hémitropes sont beaucoup moins serrées que les traces des clivages, et généralement au nombre de

---

[1] A. Lacroix, *Sur le chloritoïde* (*Bull. Soc. de minéralogie*, t. IX, 1886, p. 42).

quatre ou cinq par individu cristallin; elles sont habituellement maclées de telle façon qu'à une face donnant les couleurs jaune et verte s'associe une face donnant les couleurs jaune et bleue.

Un des caractères les plus saillants du chloritoïde réside dans son pléochroïsme, qui est des plus intenses. Les couleurs sont les mêmes que celles que l'un de nous[1] a indiquées dans le chloritoïde de l'île de Groix :

n_g, jaune-verdâtre pâle,
n_m, bleu-indigo,
n_p, vert-olive.

Ce minéral est doué d'une double réfraction assez faible. Dans la lumière naturelle, il présente l'aspect rugueux des minéraux durs.

Tous ces caractères démontrent l'identité de ce minéral avec le chloritoïde de l'île de Groix, auquel M. Lacroix[2] a réuni récemment la masonite, la sismondine, l'ottrélite, la vénasquite et la phyllite. Cette espèce, ainsi très répandue, appartiendrait, d'après M. des Cloizeaux[3], d'accord avec MM. Renard et de la Vallée-Poussin[4], au système triclinique, avec forme limite voisine d'un prisme monoclinique de 60°.

Les lamelles de chloritoïde de nos préparations montrent des divergences assez grandes au point de vue de leur teneur en inclusions; certaines lamelles en sont entièrement dépourvues, d'autres en sont criblées. Le chloritoïde des schistes cristallins de la sierra Nevada est toujours beaucoup plus chargé en inclusions que celui des schistes de Motril. Le rutile, le fer oxydulé et le graphite en sont les éléments reconnus; le quartz n'y a pas été observé en inclusions. Le rutile est à deux états différents, en petites aiguilles

---

[1] Ch. Barrois, *Sur les schistes métamorphiques de l'île de Groix* (*Annal. Soc. géologique du Nord*, Lille, t. XI, 1883, p. 18).

[2] A. Lacroix, *Sur le chloritoïde* (*Bull. Soc. de minéralogie*, t. IX, 1886, p. 42).

[3] Des Cloizeaux, *Sur la sismondine* (*Bull. Soc. de minéralogie*, t. VII, 1885, p. 80).

[4] Renard et de la Vallée-Poussin, *Sur l'ottrélite* (*Ann. Soc. géol. de Belgique*, t. IV, p. 51).

très déliées, visibles comme de simples traits aux plus forts grossissements (*Thonschiefernädelchen*) ou en microlithes plus épais, atteignant $0^{mm},02$ à $0^{mm},04$ de diamètre et rappelant ceux des amphibolites.

Le chloritoïde résiste bien aux altérations, ses sections paraissant généralement fraîches et intactes jusqu'au bord. Parfois il y a des infiltrations ou des formations de limonite suivant les clivages. Il est très souvent épigénisé par la chlorite et par le mica noir; celui-ci est bien développé, en petites piles irrégulières disséminées sans ordre et dans tous les sens. Ce mica, taillé suivant la base, a une couleur brunâtre et des contours irréguliers; il montre deux axes optiques si rapprochés que la croix noire se disloque à peine quand on fait tourner la préparation sous les nicols; il est négatif. Les sections normales à la base montrent que chaque cristal est formé de nombreuses lamelles brun-noirâtre, empilées les unes sur les autres et s'éteignant suivant leur plan d'assemblage; elles sont très dichroïques, le maximum d'absorption a lieu quand leur longueur est parallèle à la section principale du polariseur. Ces piles de mica noir contiennent les mêmes inclusions que le chloritoïde : graphite, fer oxydulé et rutile; elles sont de formation plus récente que lui, car, dans les points du schiste où ces lamelles abondent, elles entourent des lambeaux dissymétriques, irréguliers, fragmentés, de chloritoïde, qu'elles épigénisent franchement.

Le chloritoïde se présente sous deux états très différents dans les schistes de Motril, suivant qu'il est en grandes lamelles ou en petites paillettes.

Les grandes lamelles sont celles qui ont fait l'objet de la description précédente; les bancs qui les contiennent alternent sur le terrain avec des schistes satinés, des schistes graphiteux et des schistes chloriteux en couches parallèles.

Les petites paillettes échappent complètement sur le terrain; elles n'ont en effet en moyenne que $0^{mm},1$ à $0^{mm},2$ de diamètre et sont par suite à peu près invisibles à l'œil nu. Assemblées en petites rosettes, elles constituent la partie dominante et essentielle des couches qui alternent avec les schistes à grandes lamelles et que nous venons de désigner sous les noms de schistes graphiteux, schistes chloriteux et phyllades. Dans ces rosettes à éléments radiés, chaque fibre est un cristal tabulaire, très allongé, offrant dans la lumière naturelle une teinte vert clair, presque incolore, présentant des cassures transversales qui rappellent celles des cristaux d'épidote et qui correspondent aux clivages prismatiques des chloritoïdes. Leur dichroïsme paraît nul dans les lames minces, ou au moins reste toujours dans les tons vert très clair; ils sont incolores quand leur allongement coïncide avec la section principale du nicol, ils prennent une teinte jaune-verdâtre clair à angle droit. Le minéral est négatif suivant sa longueur. La biréfringence est très faible. Sous les nicols croisés, les extinctions sont légèrement obliques; ces aiguilles, d'ailleurs, ne s'éteignent pas d'un seul coup, on reconnaît qu'elles sont formées par l'assemblage de plusieurs macles. Le plan de macle est suivant l'allongement du minéral, correspondant à la face tabulaire de base, et coïncide ainsi avec le clivage facile, basique.

Les dimensions très petites de ce minéral, ses macles, son gisement dans la pâte séricitique du schiste, rendent très obscurs ses caractères optiques. Toutefois, d'après les caractères indiqués et notamment le mode d'assemblage des macles tricliniques, identiques à celles du chloritoïde, on peut le rapprocher de cette espèce. Son dichroïsme faible, presque nul, ne suffit pas pour le distinguer de la variété en grandes lames, puisque l'on observe celle-ci sous une plus grande épaisseur.

Ces petites rosettes de chloritoïde sont identiques à celles que l'un de nous [1] a décrites sans les déterminer, dans les schistes dévoniens de Bretagne. Il faut aussi leur rapporter les petits groupes cristallins décrits et figurés par M. Götz [2] dans les schistes ottré-

---

[1] Ch. Barrois, *Sur le granite de Rostrenen* (*Annal. Soc. géol. du Nord*, t. XII, 1885, p. 48).

[2] Joseph Götz, *Neues Jahrbuch für Miner.*, IV, Beil. Bd., p. 146, pl. V, fig. 5, 1885.

litifères du Transvaal, et qu'il rapporte à des tourmalines non dichroïques.

On peut, d'après ce qui précède, classer comme suit les divers schistes à chloritoïde de cette région :

1° Schistes à chloritoïde en grandes lames (étage de Motril);
2° Schistes verts, luisants, à chloritoïde en rosettes microscopiques (étage de Motril);
3° Micaschistes à chloritoïde en lames remplies d'inclusions, et riches en biotite en grandes piles anciennes (étage des schistes cristallins);
4° Schistes micacés à chloritoïde, avec biotite secondaire (étage de Motril).

Le chloritoïde se trouve par suite très répandu, sous divers états et à divers étages, dans le sud de l'Andalousie. D'ailleurs, depuis le travail fondamental de MM. Tschermak et Sipöcz [1] sur le groupe, cette espèce a été reconnue en un grand nombre de régions et de terrains différents : Fiedler [2] et G. Rose [3] l'avaient signalée dans l'Oural, et M. Sterry Hunt [4] au Canada; M. von der Marck [5] la reconnaît dans le Taunus, MM. Renard et de la Vallée-Poussin [6], M. van Werveke [7] dans les Ardennes, M. von Foullon [8] dans le carbonifère des Alpes, MM. Liebener et Vorhauser [9] dans le Tyrol,

---

[1] Tschermak und Sipöcz, *Die Clintonit Gruppe* (Sitz. der K. Akad. der Wiss. Wien, Bd. LXXVIII, 1878, p. 23).

[2] Fiedler, *Lagerstätten des Diaspor, Chloritspath, Pyrophyllit und Monazit, aufgefunden im Ural* (Poggend. Annal., Bd. I, 1837, p. 249).

[3] G. Rose, *Reise nach Ural*, Berlin, Bd. I, 1837, p. 322.

[4] T. Sterry Hunt, *Note on chloritoid from Canada* (Amer. Journ. of Science, 2nd ser., vol. XXXI, 1861, p. 442).

[5] Von der Marck, *Chem. Untersuch. westf. und rheinisch. Gebirsart. und Mineralien* (Verhandl. des natur. Ver. der preuss. Rheinl. und Westf., Bd. XXXV, 1878, p. 257).

[6] Renard et de la Vallée-Poussin, *Sur l'ottrélite* (Ann. Soc. géol. de Belgique, t. IV, p. 51).

[7] L. van Werveke, *Ueber Ottrelithgesteine* (Neues Jahrb. für Miner., I, 1885, p. 231).

[8] H. Baron von Foullon, *Ueber die petrogr. Beschaff. der kryst. Schiefer der untercarbonischen Schichten* (Jahrb. der K. K. Reichsanstalt, Bd. XXXIII, 1883, p. 207).

[9] Liebener und Vorhauser, *Nachtrag zu den Mineralien Tyrols*, 1866, p. 13.

M. Schröder[1] en Saxe, M. Götz[2] au sud de l'Afrique, et l'un de nous[3] dans les terrains primitif, silurien et dévonien de la Bretagne.

Le chloritoïde se trouve disséminé dans des couches sédimentaires d'âge différent, primitives ou paléozoïques, généralement disloquées; il n'est pas en relation avec les phénomènes locaux de contact, mais paraît au contraire s'étendre sur de vastes étendues horizontales, dans les strates où il s'est développé. Le mica noir, qui l'accompagne parfois, est toujours très localisé; il présente alors la même disposition que dans les schistes métamorphisés par contact et se trouve indifféremment dans l'étage des schistes cristallifères (col de la Ragua) et dans l'étage des schistes de Motril (Albuñol, Mamola).

III. — QUARTZITES.

Les quartzites sont assez développées dans la formation cambrienne, où elles forment des bancs de faible épaisseur, interstratifiés parmi les schistes. On les trouve surtout au haut de cette formation, dans l'étage d'Albuñol, ainsi que vers sa partie inférieure, où elles sont associées à des roches amphiboliques.

Ces quartzites supérieures (Motril, Lentegi, Gualchos, Albuñol) sont une mosaïque de quartz grenu, cimentée par des paillettes de chlorite et de séricite, peu abondantes et non alignées comme dans les schistes qui alternent avec ces quartzites. De grandes plages de calcite y forment souvent des lentilles; on y trouve en outre rutile, tourmaline, zircon, charbon, fer magnétique et mica noir.

On rencontre des quartzites assez différentes sur la route de Grenade à Diezma, avec mica noir, mica blanc et orthose.

---

[1] Schröder, *Erläut. zu Sect. Zwota der geol. Karte des Königr. Sachsen*, p. 3.
[2] Joseph Götz, *Gest. des nördlichen Transvaal* (*Neues Jahrbuch für Mineral., Geol. und Palæont.*, IV, Beil. Bd., 1885, p. 146).
[3] Ch. Barrois, *Annal. Soc. géol. du Nord*, Lille, 1883-1885.

Les quartzites inférieures forment des couches de quelques mètres, alternant en concordance avec des schistes micacés, des schistes actinolithiques, des cornes vertes et des dolomies (pont d'Ifo, Agron). Elles sont si riches en épidote qu'on pourrait les désigner sous le nom d'épidotites, créé par Cordier pour des roches identiques, compactes, stratiformes, subordonnées aux talcites chloriteux du Piémont.

Le quartz est en grains irréguliers, allongés, elliptiques, et contient des inclusions liquides à bulles mobiles à la température ordinaire (Agron); nous avons observé dans d'autres préparations de la même localité des inclusions liquides avec une libelle immobile et les trémies caractéristiques du chlorure de sodium.

Après le quartz, l'épidote[1] est l'élément le plus abondant, en prismes de 1/2 à 3 millimètres, gris-jaunâtre à vert-pomme, alignés parallèlement et contribuant à donner à la roche sa structure feuilletée. Au microscope, ces cristaux présentent une forme prismatique, allongée suivant ph^1, nettement limités sur les côtés, mais sans sommets distincts; ils paraissent brisés ou irrégulièrement arrondis à leur extrémité. Les sections transparentes ont une rugosité et un relief caractéristiques de minéraux durs, biréfringents.

Le plus grand nombre des cristaux de nos préparations (ph^1) s'éteignent parallèlement à leur allongement; sous les nicols, ils donnent des couleurs de polarisation très vives, limpides, dans les teintes jaune et orange. Ces sections allongées présentent parfois des stries fines parallèles, qui sont les traces du clivage facile suivant p; mais il y a un autre clivage suivant lequel se fait aussi l'extinction : il est plus général, parallèle à g^1 et représenté par des fentes transverses, fortes, régulières, traversant le cristal de part en part et attirant tout de suite l'œil, qu'il aide ainsi à distinguer cette espèce de toutes les autres dans la préparation. Les sections

---

[1] L'épidote (thallite) a été d'abord reconnu dans la sierra Nevada par Haussmann, qui le signala en 1838 dans les micaschistes d'Almuñecar, associé à du fer oligiste. (*Abh. der K. Soc. der Wiss. zu Göttingen*, Bd. I, p. 282.)

allongées montrent parfois dans la lumière polarisée deux ou trois lamelles hémitropes colorées différemment, et qui sont des macles autour d'un axe normal à h^1. Les sections suivant g^1 s'éteignent à 26° par rapport à p.

En lumière convergente, on constate que le minéral est à deux axes et que le plan des axes optiques est normal à l'allongement; la lame de mica 1/4 d'onde permet de reconnaître que l'allongement est bien, comme l'indique la théorie, tantôt positif, tantôt négatif. Il est très peu polychroïque, montrant les couleurs suivantes :

n_p, blanc;
n_m, blanc à peine jaune;
n_g, jaune pâle.

Cet épidote contient peu d'inclusions, petites, solides, prismatiques, et des grains charbonneux, souvent agglomérés au centre du cristal.

Les sections normales aux feuillets de la roche montrent que les prismes d'épidote sont assemblés suivant des lames parallèles, alternant avec des lames souvent plus épaisses, formées de grains de quartz, à contours irréguliers, étirés, gneissiques. En outre de ces deux minéraux essentiels, on trouve encore dans ces quartzites épidotifères: tourmaline, rutile, sphène et, accidentellement, calcite, actinote et chlorite; oligoclase, zircon, mica blanc, mica noir, fer oxydulé.

La calcite, abondante dans certains cas, forme des lits qui alternent avec les lits de quartz et d'épidote; l'actinote est aussi répandu très irrégulièrement, il fait parfois complètement défaut, quelquefois il est représenté par de rares aiguilles en paquets, épigénisées par la chlorite; dans d'autres cas, enfin, il est en aussi grande abondance que l'épidote auquel il est associé; la roche passe alors à une quartzite amphibolique. Les grains de feldspath sont toujours rares et exceptionnels dans les quartzites d'Andalousie (pont d'Ifo).

L'actinote et l'épidote sont en délits continus, non dérangés par les feuillets de quartz, et sans doute par conséquent de formation contemporaine. Les quartzites amphiboliques alternent parfois en lits très minces, de moins d'un centimètre, avec les quartzites épidotifères et les quartzites micacées. Des préparations microscopiques d'Agron, de Torrox, normales à la schistosité, ont suffi pour nous montrer ces trois roches juxtaposées dans le champ de la préparation; le fer oxydulé et le sphène même s'isolent parfois aussi en feuillets spéciaux dans ces quartzites. Habituellement, toutefois, les roches riches en épidote, actinote, mica, constituent des couches interstratifiées distinctes, épaisses de plusieurs mètres.

IV. — AMPHIBOLITES.

Les amphibolites forment, dans les divers étages des terrains primitifs et cambriens, des couches régulièrement interstratifiées, d'épaisseur très variable.

Les *schistes actinolitiques* du cambrien, alternant sur le terrain avec les quartzites épidotifères, se montrent, au microscope, formés de fer oxydulé, zircon, sphène, rutile, tourmaline, amphibole, épidote, feldspath plagioclase et quartz. A l'œil nu, ils sont cristallins, verdâtres, cohérents, souvent feuilletés et passant à de véritables chloritoschistes; on y distingue un minéral fibreux ressemblant à l'amphibole, de petits grains de quartz à éclat gras et des lamelles d'un feldspath strié blanc-verdâtre.

Au microscope, leur structure est grenue, feuilletée, sans pâte amorphe. L'amphibole est ici l'élément essentiel, elle appartient à la variété fibreuse et est disposée généralement en traînées parallèles à la schistosité. On le reconnaît principalement à ses extinctions atteignant 15° suivant les sections g^1; ses prismes ne sont jamais terminés, comme c'est le cas ordinaire chez les diorites, mais montrent de nombreuses lamelles parallèles, correspondant aux clivages m. On voit ainsi que les cristaux sont composés de fines aiguilles amphiboliques de dimensions très variables; leur longueur inégale donne au contour de la section un aspect frangé. Ces aiguilles amphiboliques ne sont pas toujours droites, mais forment parfois des groupes diversement inclinés; elles sont parfois réunies en masse ou dispersées en séries parallèles au milieu d'un produit de décomposition verdâtre. Ces houppes de substance radiée, verte, dichroïque, doivent dans ce cas être rapportées à la chlorite. Quelquefois on observe autour des cristaux d'amphibole des feuillets de mica noir diversement orientés.

Ces cristaux verts d'amphibole sont polychroïques, montrant, suivant :

n_g, vert-émeraude;
n_m, vert-jaunâtre;
n_p, jaune-verdâtre pâle.

Les caractères indiqués permettent de rapporter cette espèce à l'actinote. Elle est associée à des cristaux d'épidote allongés suivant ph^1 et à clivages transverses très marqués, identiques à ceux qui forment les quartzites épidotifères.

Les feldspaths de ces amphibolites paraissent variés; un échantillon ramassé en aval de Guejar nous a fourni orthose et quartz; des échantillons d'Agrou nous ont permis de reconnaître le labrador à l'angle maximum des extinctions de deux lamelles hémitropes suivant la loi de l'albite, dans la zone symétrique de la macle et perpendiculaire à g^1; un échantillon ramassé au sud de Lanjaron nous a montré de l'anorthite peu maclée. Cette même roche contenait en outre de la calcite; le quartz y est à l'état grenu.

Les *amphibolites à amphibole sodifère* (pl. XXXIX, fig. 1) méritent une mention spéciale, étant très distinctes par leur composition minéralogique des schistes actinolitiques précédents, à actinote et plagioclase, qui sont les plus répandus. C'est dans la vallée de Lanjaron seule que nous avons pu les observer en place; on en trouve en outre des galets roulés dans la vallée de Talara (pl. XIII) et dans celle d'Orgiva.

Ces roches sont essentiellement formées d'amphibole sodifère, d'épidote, avec rutile, sphène, fer oxydulé, mica blanc, quartz, chlorite, auxquels viennent se joindre en quantité très faible, variable, feldspath, actinote vert, grenat. Elles passent alors aux éclogites.

Ces minéraux constituants présentent plusieurs particularités dignes de fixer l'attention; nous allons les examiner successivement.

Tous ces minéraux sont allongés et alignés dans une direction unique; ils déterminent par cette disposition la structure schisteuse de la roche.

L'épidote, très abondant, offre absolument les mêmes caractères que dans les quartzites épidotifères de la région, où nous l'avons décrit en détail.

L'amphibole sodifère est l'élément essentiel de ces roches, sous forme de bâtonnets prismatiques, minces, allongés, droits ou courbes, longs de quelques millimètres, hexagonaux par suite de la combinaison des faces m, g^1, et facilement clivables suivant les faces du prisme de $124°$. Dans la roche, ces cristaux paraissent d'un bleu foncé noirâtre.

Au microscope, ils présentent des caractères voisins de ceux des cristaux de glaucophane de l'île de Groix, déjà décrits par l'un de nous[1]. Dans la lumière convergente, on constate que le plan des axes optiques de ces cristaux est dans g^1, comme l'avaient reconnu MM. Bodewig[2], von Lasaulx[3], Oebbeke[4] pour la glaucophane ordinaire; la bissectrice aiguë est négative, comme dans toutes les amphiboles, la bissectrice obtuse fait un angle de $20°$ avec l'arête d'allongement h^1g^1; elle est dans l'angle aigu de ph^1. L'angle des axes optiques est petit ($2V = 60°$ au plus).

---

[1] Ch. Barrois, *Sur les schistes métamorphiques de l'île de Groix* (Ann. Soc. géol. du Nord, t. XI, 1883, p. 45).

[2] C. Bodewig, *Ueber den Glaucophan von Zermatt* (Poggend. Annal., CLVIII, 1876, p. 224).

[3] Von Lasaulx, *Ueber glaucophangesteine von der Insel Groix* (Annal. Soc. géol. du Nord, t. XI, 1884, p. 144).

[4] K. Oebbeke, *Ueber den glaukophan und seine Verbreitung in Gesteinen* (Zeits. der deutschen geol. Gesell., 1886, p. 634).

Ces cristaux sont très polychroïques; ils montrent les couleurs suivantes :

n_p, jaune pâle verdâtre;
n_m, vert-bleuâtre;
n_g, bleu d'azur.

Ces couleurs de polychroïsme sont légèrement différentes de celles qu'a indiquées M. Strüver.[1] :

n^p, jaune pâle.
n_m, violet-bleuâtre.
n_g, bleu.

Cette amphibole présente des teintes moyennes de polarisation chromatique : $n_g - n_p = 0,021$, d'après une mesure prise par M. Michel Lévy, suivant les procédés qu'il a récemment décrits[2].

Nous avons pu l'extraire de la roche réduite en poudre en employant les lavages méthodiques au borotungstate de cadmium, ce qui nous a permis d'en faire une analyse quantitative dont nous donnons les résultats dans la première colonne du tableau ci-dessous.

Cette amphibole sodifère de la sierra Nevada se distingue donc des types de glaucophane de Syra et de Groix par sa teinte vert-bleuâtre suivant n_m, au lieu de violet-bleuâtre, par le grand angle (20° au lieu de 4°) que fait la bissectrice obtuse avec l'arête d'allongement h^1g^1 et par sa moindre teneur en soude (3 p. 100 au lieu de 7 p. 100 en moyenne).

Elle diffère de l'actinote par la présence de la soude dans sa composition et ses teintes de polychroïsme. Nous sommes donc portés à la considérer comme une variété d'amphibole intermédiaire entre l'actinote et la glaucophane.

---

[1] J. Strüver, *Atti R. Accad. Lincei*, ser. 2ᵉ, t. II, 1875, et *Ueber Gastaldit und Glaukophan* (*Neues Jahrbuch für Mineralogie*, Bd. I, 1887, p. 313).

[2] Michel Lévy, *Mesure du pouvoir réfringent des minéraux en plaque mince* (*Bulletin de la Société de minéralogie*, 1883, p. 143).

	I Lanjaron.	II Grois (von Lasaulx)[1].	III Syra (Schaedermann)[2].	IV Syra (Luedecke)[3].	V (Bodewig)[4]. Zermatt	VI Zermatt (Berwerth)[5].	VII Nouvelle-Calédonie (Liversidge)[6].	VIII Aoste (Cossa)[7].
SiO².	47,42	57,13	56,49	55,64	57,81	58,76	52,79	58,55
Al²O³.	8,42	12,68	12,23	15,11	12,03	12,99	14,44	21,40
FeO, Fe²O³.	9,68	8,01	10,91	9,93	7,95	5,84	9,82	9,04
MgO.	15,28	11,12	7,97	7,80	13,07	14,01	11,92	3,92
CaO.	12,95	3,34	2,25	2,40	2,20	2,10	4,29	2,03
NaO.	2,97	7,39	9,28	9,34	7,33	6,45	5,26	4,77
MnO.	//	//	0,50	0,56	//	//	traces.	//
KO.	//	traces.	traces.	//	//	//	0,88	//
HO.	//	//	//	//	//	2,54	1,38	//
Perte au rouge..	4,16	//	//	//	//	//	//	//
	100,88	99,67	99,63	100,78	100,39	102,69	99,88	99,71

[1] Von Lasaulx, Sitzungsber. der Niederrhein. Gesell. für Natur- und Heilkunde, Bonn, 1883, p. 263.
[2] Schaedermann, Beiträge sur Oryktographie von Syra (Göttingische gelehrte Anzeigen, 20. Stück, 3. Februar 1845, p. 297).
[3] Luedecke, Zeitschr. der deutschen geolog. Gesell., XXVIII, 1876, p. 248.
[4] Bodewig, Ueber den Glaukophan von Zermatt (Poggend. Annalen, CLVIII, p. 224, 1876).
[5] F. Berwerth, Ueber die chemische Zusammensetzung der Amphibole (Sitzungsber. der Wiener Akademie, 1885, p. 153-187).
[6] A. Liversidge, Notes upon some Minerals from New Caledonia (Royal Soc. of N. S. Wales, 1880).
[7] A. Cossa, Atti della Reale Accademia dei Lincei, ser. 2ᵃ, t. II, 1875.

L'amphibole sodifère est disposée dans la roche en gerbes élégantes rappelant celles de l'actinote, auquel elle est souvent visiblement associée en faisceaux stratoïdes, en traînées parallèles ou en réseau stratiforme qui a dû constituer une étoffe continue, déchirée par actions postérieures. Ces traînées, comme les cristaux eux-mêmes, ont été brisées par les pressions subies par la roche, puis ressoudées sur place par des minéraux secondaires.

L'amphibole sodifère de Lanjaron contient de nombreuses inclusions; les mieux caractérisées sont des microlithes jaune-brunâtre très biréfringents, prismatiques, terminés par des faces de pyramide. Ils présentent les macles cordiformes à angle de 54° et les macles géniculées à angle de 114°, parfois réunies en

MISSION D'ANDALOUSIE. 153

étoilements variés, et qui suffiraient pour les faire rapporter au rutile. Les microlithes de rutile sont d'ailleurs extrêmement répandus dans toutes les roches à glaucophane connues jusqu'à ce jour; M. Cossa[1] a d'ailleurs séparé ces microlithes d'une roche à glaucophane des Alpes et leur a reconnu la composition chimique du rutile.

La glaucophane paraît beaucoup plus répandue dans les roches qu'on ne l'a longtemps supposé. M. Luedecke[2] décrivait en 1876 comme des raretés les roches du gisement de Syra, découvert par MM. Haussmann et Virlet d'Aoust[3]; mais depuis elles ont été retrouvées dans l'Eubée et en diverses parties de l'Archipel, d'après de récentes publications de M. Becke[4]. M. Zeiller a bien voulu nous signaler un mémoire de M. Heurteau[5] indiquant l'existence à la Nouvelle-Calédonie de schistes à glaucophane, dont le gisement a depuis été revu par M. Liversidge[6]. C'est surtout dans les Alpes que s'étendent nos connaissances sur les roches à glaucophane; on en a trouvé de très nombreux gisements depuis que M. Strüver signalait ce minéral en 1876 dans les vallées d'Aoste et de Locano. On doit s'attendre à les trouver d'une façon continue au sud des Alpes, d'après M. Williams[7]; elles y ont en effet été décrites actuellement en nombre de points par MM. Strüver, Bodewig, Williams, Cossa, Bonney[8], Stelzner[9], Sandberger[10],

---

[1] Alfonso Cossa, *Rutil im Gastaldit-Eklogit von Val Tournanche* (*Neues Jahrbuch für Miner.*, 1880, I, p. 162).

[2] O. Luedecke, *Zeitschrift der deuts. geologischen Gesellschaft*, Bd. XXVIII, 1876, p. 248.

[3] Virlet d'Aoust, *Expédit. scientif. en Morée*, t. II, p. 66, 67.

[4] Becke, *Tschermak's Mittheilangen*, 1879, p. 71.

[5] Heurteau, *Annal. des mines*, 1876, p. 254.

[6] Liversidge, *Royal Society of New South Wales*, 1880, 1 sept.

[7] G. H. Williams, *Glaucophangesteine aus Nord-Italien* (*Neues Jahrb. für Miner.*, Bd. II, 1882, p. 201, 203).

[8] Rev. T. G. Bonney, *On some Ligurian and Toscan serpentines* (*Geological Magazine*, Aug. 1879); id., *On a glaucophane Eklogite from the Val d'Aoste* (*Mineralogical Magazine*, July 1886, VII, n° 32).

[9] Stelzner, *Glaucophane des environs de Berne* (*Neues Jahrbuch für Mineralogie*, 1883).

[10] Sandberger, *Neues Jahrbuch für Mineralogie*, 1867.

Michel Lévy[1] et Becke[2]. M. Oebbeke[3] a d'ailleurs écrit récemment l'histoire de cette espèce de la façon la plus complète.

En France, elles sont magnifiquement exposées dans les falaises de l'île de Groix, et en Corse, d'après les travaux de M. L. Busatti[4]. Il y a de plus lieu de les rechercher dans les montagnes du Var, où les roches à disthène et grenat, signalées à la pointe de Callerousse (île du Levant) par M. Falsan[5], nous rappellent bien la description des roches de Syra de M. Virlet d'Aoust. On trouve d'ailleurs à Fenouillet, dans le Var, des roches à chloritoïde, analogues à celles de l'île de Groix.

Le rutile, signalé en inclusions dans l'amphibole sodifère, est abondant dans la roche, en petits cristaux présentant les formes m, h^1, b^1, maclés suivant b^1 à 114°. Ils présentent une teinte jaune-brun suivant n_g, jaune franc suivant n_p. Ils se montrent plus souvent en grains irréguliers, mamelonnés, de couleur brunâtre, relativement de grande taille, atteignant généralement plusieurs millimètres. Nous en possédons de près d'un centimètre; ils présentent les macles microscopiques et tous les caractères signalés par von Lasaulx[6] chez les gros rutiles du Morbihan.

Le fer titané, provenant probablement du rutile avec lequel il est associé, est assez répandu. Le fer oxydulé se présente sous forme d'octaèdres, mais aussi à l'état de paillettes, de grains irréguliers, à contours subanguleux ou arrondis; il est opaque au microscope et a un reflet bleu-noirâtre métallique caractéristique. Des lamelles rouges et transparentes d'oligiste paraissent dériver de sa transformation.

---

[1] Michel Lévy, *Bloc erratique à glaucophane du Valais* (*Ann. Soc. géol. du Nord*, t. XI, 1883, p. 50).

[2] Becke, *Lehrbuch der Miner. von Tschermak*, Wien, 1884, p. 445.

[3] K. Oebbeke, *Ueber das Vorkommen des Glaukophan* (*Zeitschr. für Krystallographie*, XIII, III, 1886, p. 282).

[4] L. Busatti, *Schisti a glaucofane della Corsica* (*Processi verbali della Soc. Toscana di Scienze naturali*, 28 Giugno 1885).

[5] Falsan, *Carte géol. des environs de Hyères*, Lyon, lith. G. Marmorat, 1863.

[6] Von Lasaulx, *Ueber Mikrostructur, optisches Verhalten und Umwandlung des Rutil in Titaneisen* (*Zeitschr. für Krystallographie*, VIII, 1, 1883, p. 54).

Le mica blanc se présente en lamelles tabulaires, plissées, d'un éclat nacré, brillant, passant du blanc pur au vert d'eau, et disposées en petites écailles les unes à côté des autres, en lits parallèles. Il contribue à donner à la roche sa structure schisteuse; comme, de plus, le clivage de cette roche se fait toujours suivant les plans où prédomine le mica, il voile souvent les autres éléments et paraît plus abondant qu'il n'est en réalité.

Au microscope, il se présente surtout en petites lamelles allongées, sans contours réguliers, mais présentant de fines stries de clivage et bien transparentes en lumière naturelle. Ces lamelles rectangulaires sont taillées normalement à la base; elles montrent que les lamelles qui forment la même pile de mica tantôt sont parallèles, tantôt au contraire s'éloignent ou se rapprochent par places; elles sont parfois maclées avec des paillettes vertes, ou plus souvent avec des paillettes rouges d'hématite (pl. XXXIX, fig. 1), hexagonales, isotropes, identiques à celles que décrivait G. Rose[1]. Le mica, aux forts grossissements, paraît formé de petits prismes subparallèles ou fasciculés. Ces sections sont dépourvues de dichroïsme; dans la lumière polarisée, elles se parent de couleurs vives et irisées qui tiennent à sa grande biréfringence, et elles s'éteignent suivant leurs clivages sous les nicols.

Les lamelles de clivage sont transparentes et incolores, à teintes de polarisation peu vives. Elles montrent bien les deux axes optiques très écartés, et $\rho > v$. La forme de ces sections est irrégulière, étirée sans doute par les mouvements de la roche; nous n'avons pas trouvé de lamelle polygonale, rhombique ou hexagonale, permettant de voir les formes dominantes. Ces lamelles, du reste, sont souvent empilées et réunies en membranes continues, ce qui obscurcit encore leur forme cristalline propre.

Le quartz est en gros grains transparents à contours irréguliers, arrondis ou parfois hexagonaux. Ils rappellent par leurs caractères

---

[1] G. Rose, *Ueber das regel. Verwachsen der verschiedenen Glimmerarten unter ein. und Eisenglanz* (*Poggend. Annal.*, CXXXVIII, 1869, p. 177).

les quartz des micaschistes. Parfois ils contiennent des inclusions solides, poussières très ténues alignées, ou des inclusions liquides à bulle mobile. Ces inclusions liquides, disposées en files, sont nombreuses dans nos préparations de Lanjaron.

Ces grains de quartz sont nettement alignés en trainées parallèles, en filonnets secondaires qui traversent tous les autres éléments, auxquels ils sont par conséquent postérieurs. Ils remplissent les fissures, les cavités, formées dans la roche par les mouvements du sol et les décompositions des éléments anciens.

Les roches à glaucophane de la sierra Nevada appartiennent au groupe de roches décrites, dans l'Europe centrale, sous le nom d'éclogites par la plupart des auteurs. Elles ont même composition minéralogique, même structure, même gisement interstratifié dans les couches du terrain primitif. Si l'on adopte toutefois les conclusions de M. Riess[1], l'auteur du travail le plus complet sur le sujet, il faut séparer ces roches des éclogites pour les rattacher à ses amphibolites grenatifères.

Éclogites. — Les éclogites types de Cordier et de M. Riess, composées de grenat, d'omphazite, de smaragdite, avec épidote, chlorite, sphène, zircon, rutile, quartz, mica blanc, sont très répandues dans la vallée du rio Genil à l'état de galets, dans les alluvions et le miocène. Nous n'avons pas retrouvé cette roche en place et n'avons pas lieu d'y insister. La hornblende est en grands cristaux non dichroïques, vert d'herbe, le pyroxène peu abondant en grains sans contours cristallins extérieurs, le grenat incolore en lames minces; il y a parfois en outre quelques grains de feldspath plagioclase.

Le gisement de ces éclogites se trouve vraisemblablement dans le cirque de San Juan, où M. de Botella signale des couches alternantes d'amphibolites, de quartzites épidotifères, de micaschistes,

---

[1] Dr. E. R. Riess, *Untersuch. über die Zusammensetzung des Eklogits* (*Miner. Mittheil. von Tschermak*, t. I, 1878, p. 165).

de dolomies. C'est dans ces roches de San Juan, entre Veleta et Mulhacen, que l'on trouve l'or de la sierra Nevada, d'après M. Guillemin Tarayre[1]; il n'y a pas là de filon aurifère, mais la masse entière du micaschiste est imprégnée du métal précieux. Les minéraux de ces micaschistes, que l'on recueille dans les sables du rio Genil, sont : fer oligiste, fer oxydulé, fer titané, andalousite, tourmaline, rutile, émeraude, argent, platine, or (environ $0^{gr},5$ d'or fin par mètre cube).

Il y a une si curieuse analogie, dans le gisement de ces métaux précieux, dans la sierra Nevada et en France, à l'embouchure de la Vilaine, que nous croyons devoir la signaler en passant. La Vilaine se jette à la mer entre Pénestin et Billiers, dans une région de belles falaises, composées de couches alternantes d'amphibolites, éclogites, pyroxénites, micaschistes, quartzites épidotifères, dolomies cristallifères, d'âge primitif, identiques à celles de la sierra Nevada. A l'embouchure de la Vilaine, le sable de la grève, résultant de la désagrégation des falaises, formées par les roches précitées, fournit à peu près les mêmes minéraux que le sable du rio Genil. Ce sont : fer oxydulé, fer titané, corindon, zircon, grenat, cassitérite, platine, or natif. On n'a pas encore reconnu non plus dans cette région de filon aurifère indépendant.

Les *amphibolites* ou *gneiss amphiboliques* de l'étage inférieur des micaschistes et dolomies, particulièrement bien développés au sud du col de Jatar, sont plus variés que les roches amphiboliques précédentes. Ce sont des gneiss ou des schistes amphiboliques, suivant les proportions toujours irrégulières du feldspath, mais qui admettent dans leur composition de la staurotide et les minéraux habituels des schistes métamorphiques. Elles alternent avec des lits de gneiss, de micaschiste, de quartzite, de dolomie et probablement de pyroxénite.

Le pyroxène, en grands cristaux rongés par le quartz, est un élé-

---

[1] Guillemin Tarayre, *Sur la constitution minéralogique de la sierra Nevada de Grenade* (*Comptes rendus*, 11 mai 1885).

ment bien caractérisé, sinon fréquent, de ces amphibolites. L'amphibole hornblende, en cristaux vert clair, est beaucoup plus répandue, constituant parfois la majeure partie de la roche, où elle a formé un réseau continu. On trouve en outre : fer oxydulé, fer titané, sphène et rutile en microlithes de $0^{mm},1$ à $0^{mm},2$ de long, ainsi qu'accessoirement mica noir, en petites lamelles, à l'état naissant, et prismes d'épidote. Le feldspath triclinique en grains irréguliers, maclés, nous a présenté des extinctions voisines de celles du labrador. Le quartz est le plus abondant des éléments de la roche, qu'il cimente et pénètre en grains arrondis ou allongés.

La staurotide ne se présente pas dans ces roches avec sa forme caractéristique, c'est-à-dire en prismes orthorhombiques simples ou maclés. On ne la trouve qu'en débris allongés traversés par de grossières cassures transversales. Mais ses propriétés optiques suffisent amplement, malgré l'absence des formes cristallines pour la faire nettement reconnaître.

Dans ces débris allongés, le plan des axes optiques est longitudinal, et de plus la bissectrice, qui est en même temps l'axe n_g, est dirigée suivant l'allongement des débris, ou, ce qui revient au même, le signe de l'allongement est le signe +. Il résulte de cette position des axes d'élasticité que les sections allongées les plus biréfringentes sont parallèles au plan des axes optiques. Or on constate que celles-ci présentent entre les nicols croisés la couleur jaune brillant correspondant à la valeur de la biréfringence de la staurotide $n_g - n_p = 0,012$. La réfringence indiquée par le relief paraît être celle de la staurotide. Un dernier caractère important, et qui d'ailleurs frappe tout de suite la vue, est celui que l'on tire du polychroïsme. Ces sections allongées sont jaune d'or lorsque n_g est parallèle à la section principale du polariseur et jaune pâle dans la direction perpendiculaire. En résumé, ces cinq caractères, la position du plan des axes optiques et celle de la bissectrice n_g, la valeur de la biréfringence et celle de la réfringence, et enfin le polychroïsme, caractérisent nettement la staurotide.

V. — CALCAIRES.

Le calcaire est une des substances les plus abondantes des monts bétiques; on l'y trouve à plusieurs niveaux et avec différents caractères. Il forme des couches interstratifiées, décrites dans la partie stratigraphique, dans le terrain triasique, le cambrien, les schistes primitifs à minéraux, et dans l'étage inférieur des micaschistes et amphibolites.

Ces calcaires présentent entre eux des différences importantes dues aux conditions de leur formation et à des modifications métamorphiques postérieures à leur dépôt.

Les calcaires triasiques seuls laissent parfois reconnaître les fragments de coquilles, de crinoïdes, en divers états de décomposition, aux dépens desquels ils sont formés. D'une manière générale, la plupart d'entre eux sont durs, compacts, gris-bleuâtre, blancs ou brunâtres, et doivent leur couleur à des particules charbonneuses ou ferrugineuses. Cette matière colorante forme avec un peu d'argile une masse fondamentale, dans laquelle sont disséminés sans ordre de petits grains cristallins de calcite, de dolomie, des fragments organiques reconnaissables, et parfois, en petite quantité, des paillettes de mica blanc, de la pyrite ou des grains de quartz.

Le mica blanc est ordinairement en lamelles irrégulières, à contours arrondis, à deux axes optiques ($2E = 50°$), négatif; exceptionnellement (Gualchos), il se présente en piles nettement hexagonales, inscriptibles, mais où deux faces se développent souvent plus que les autres.

La dolomitisation fréquente de ces calcaires triasiques, notamment dans les parties métallifères (galène, blende, calamine, cinabre), a généralement fait disparaître toute trace de débris organiques; cette dolomie est alors, de plus, caverneuse ou celluleuse (Motril, etc.).

Nous avons fait quelques analyses des calcaires triasiques :

	CaO,CO^2	MgO,CO^2	SESQUIOXYDES.	RÉSIDUS.
Calcaire blanc, compact; sud de Lentegi............	1,000	traces.	3	traces.
— bleu, cristallin; Gualchos.	1,000	*idem.*	1	*idem.*
— blanc, à grains fins; nord d'Itrabo............	902	98	1,5	*idem.*

En outre des espèces minérales précédemment citées, le résidu de l'attaque par l'acide chlorhydrique du calcaire de Gualchos nous a fourni de petits cristaux bien terminés de zircon.

On devait déjà à M. F. Cramer[1] un certain nombre d'analyses de calcaires dolomitiques de la sierra de Gador, faites dans le laboratoire de Wöhler :

	CaO,CO^2	MgO,CO^2	SESQUIOXYDES.	RÉSIDUS.
Dolomie gris sombre, compacte...	53,524	45,661	0,641	0,160
— gris cendré, compacte...	50,782	38,826	6,347	
— gris clair, à grains fins...	55,30	41,10	0,44	3,09
— flambée de blanc et noir (piedra franciscana)...	55,239	41,597	2,016	0,039

Ces analyses montrent la composition très variable des calcaires et dolomies triasiques de l'Andalousie; la dolomitisation de ces calcaires n'est donc pas ici en relation avec leur âge, mais plus probablement, comme nous l'avons déjà indiqué, avec le voisinage des cheminées métallifères. Si l'on s'en tient à la sierra Nevada, on

---

[1] F. Cramer, *Abhandl. der königl. Societät der Wissensch. zu Göttingen*, Bd. I, 1841, p. 275.

verra que la dolomitisation est moins grande dans les calcaires triasiques que dans les calcaires paléozoïques que nous allons décrire.

Les calcaires dolomitiques anciens, paléozoïques et primitifs, ont une composition plus variée; ils contiennent des silicates métamorphiques, des titanates, et constituent parfois, comme dans la serrania de Ronda, où ils ont été décrits par MM. Michel Lévy et Bergeron, un tissu serré, où toute trace de carbonate a disparu. Tous ces calcaires ont été traités par l'acide chlorhydrique et les résidus ont été examinés au microscope. Nous y avons observé : pyrite, fer oxydulé, fer titané, rutile, sphène, idocrase, trémolite, actinote, diallage, épidote, mica blanc, mica noir, anorthite, quartz.

Tous ces calcaires dolomitiques anciens sont saccharoïdes, cristallins, grenus et compacts, celluleux ou pulvérulents; leur couleur, comme leur composition, varie beaucoup, passant du blanc au gris, au bleu et au jaune. Les marbres blancs dominent, notamment vers la base de la série, où ils constituent des couches immenses, fétides sous le marteau et pauvres en minéraux métamorphiques.

La modification métamorphique la plus ordinaire de ces marbres a été une complète recristallisation en place, en carbonates de chaux, de magnésie, de fer, qui ont fait entièrement disparaître les contours antérieurs des restes organiques. Le marbre blanc (Jatar, Liman) est formé uniquement de cristaux de calcite et de dolomie, enchevêtrés de la manière la plus complexe et la plus serrée, et où l'on ne trouve plus trace de la structure primitive.

Les grains de calcite qui le constituent ont des contours irréguliers; ils sont sillonnés sur les sections de lignes de clivages et présentent généralement de nombreuses lamelles hémitropes; les grains de dolomie se distinguent difficilement [1] à leurs contours anguleux, rappelant la forme rhomboédrique, et à l'absence de stries hémitropes.

[1] A. Renard, *Sur les caractères distinctifs de la dolomite* (*Bull. Acad. royale de Belgique*, t. XLVII, mai 1879).

Certaines dolomies du col de Jatar ne nous ont pas présenté de calcite bien reconnaissable au microscope; dans d'autres cas (Motril), des grains calcaires sont remplacés par de petits cristaux de carbonate de fer, souvent oxydés subséquemment.

Nous avons fait un certain nombre d'analyses des calcaires dolomitiques anciens de la chaîne bétique ; nous en donnons les résultats dans le tableau suivant :

	CaO,CO^2.	MgO,CO^2.	SESQUIOXYDES.	RÉSIDUS.
Calcaire dolomitique blanc, saccharoïde, à trémolite; nord de Canillas de Albaida.	848	152	3	traces.
— dolomitique blanc, saccharoïde; gorge de Jatar..	899	101	1,5	idem.
— dolomitique blanc, compact, à grains très fins; gorge de Jatar.......	680	320	3,5	idem.
— dolomitique blanc à grains fins; col de Jatar.....	710	290	4	idem.
— dolomitique blanc-jaunâtre, à grains fins, avec trémolite; au sud du précédent...........	571	429	13,8	idem.
— dolomitique jaunâtre saccharoïde; sud de Jatar..	1,000	traces.	23,5	idem.
— dolomitique saccharoïde, à lits blancs et bleus, avec trémolite; sud de Jatar.............	1,000	idem.	4	idem.
— dolomitique saccharoïde, blanc; au nord de Frigilliana...........	860	140	2	idem.
— dolomitique compact, bleuâtre; au nord du précédent..........	865	135	5	idem.
— dolomitique compact, blanc; au nord du précédent, en approchant de Liman...........	968	32	2	idem
— dolomitique grenu, jaunâtre; Lanjaron......	815	185	2,4	idem.
— dolomitique gris, à grains fins; puerto Almuñecar.	551	449	1,5	idem.

La teneur en magnésie des calcaires dolomitiques primitifs d'Andalousie varie dans des limites très étendues : d'une manière générale, elle est plus forte que dans les calcaires dolomitiques triasiques des Alpujarras, mais moins forte que dans les calcaires triasiques de la sierra de Gador. Si on admet, avec les auteurs, que la dolomie est caractérisée par 54 parties de carbonate de chaux et 45 parties de carbonate de magnésie, nos roches d'Andalousie doivent être considérées comme des calcaires magnésiens, plus ou moins chargés de dolomie.

On trouve habituellement de la silice dans ces calcaires dolomitiques; le quartz se montre çà et là dans les préparations, formant sous les nicols des mosaïques de petits grains arrondis, à extinctions vives caractéristiques. Il est mieux caractérisé dans les résidus de la dissolution, en grains irréguliers, aplatis suivant la base du prisme, positifs, à un axe optique.

La plupart de ces marbres dolomitiques sont moins purs que ceux de Frigilliana et du col de Jatar; ils sont souvent chargés de pyrite cristallisée en beaux dodécaèdres pentagonaux ou transformée en limonite, de graphite, de mica blanc. Le mica noir, en petites lamelles à l'état naissant, est rare (Agron, Liman, Jatar); il est négatif, à un axe, est attaqué par HCl et gélatinisé. Le zircon en petits cristaux, parfois très allongés, très beaux, est assez répandu (Jatar, Liman).

L'idocrase, rare, est très bien caractérisée dans un calcaire de Lanjaron, en petits prismes quadratiques, réfringents, surmontés d'un pointement surbaissé, environ à 130°, négatifs suivant l'allongement. Le rutile est plus répandu en petits cristaux (Frigilliana, Jatar), clivés suivant mh^1, très biréfringents, dichroïques, jaune-brun suivant n_g, jaune franc suivant n_p, souvent maclés suivant b^1 à 114°, isolés dans le calcaire ou souvent inclus dans le mica blanc. La trémolite est parfois extrêmement commune, en grands cristaux fibreux, incolores, très biréfringents (Lanjaron, Jatar, Canillas de Albaida), allongés suivant mm, à bissectrice négative presque perpendiculaire à h^1; ces cristaux sont formés de faisceaux d'aiguilles prismatiques, souvent maclées suivant h^1, où les extinctions maxima observées atteignent 15°. Ces faisceaux présentent en outre de grossières cassures transversales.

Le feldspath est peu répandu dans les calcaires dolomitiques de ce massif de Velez Malaga; nous ne l'avons reconnu que dans des échantillons ramassés au nord de Motril; il se trouve dans la roche en grains maclés, peu abondants, présentant les extinctions de l'anorthite. L'orthose, que nous y avons également observé, est toujours associé aux plages quartzeuses, sans doute filoniennes, qui forment des veinules dans la roche.

Un calcaire bleuâtre situé au sud de Jatar, près le cortijo de los Nacimientos, est particulièrement riche en minéraux intéressants : calcite, dolomie, mica blanc, mica noir, actinote, amphibole et diallage.

La calcite, la dolomie, le mica noir et le mica blanc ressemblent complètement à ceux que nous venons de décrire à propos des autres calcaires.

L'actinote se présente sous forme de baguettes disposées en éventails.

L'amphibole est en cristaux de 1 à 2 dixièmes de millimètre et se trouve en petite quantité dans la roche.

Le diallage est au premier abord absolument méconnaissable; on le trouve en effet en gros cristaux informes, ayant jusqu'à 1 centimètre de longueur et tranchant par leur blancheur sur le fond bleuâtre du calcaire.

Nous avons pu le séparer du calcaire et en faire diverses préparations microscopiques qui nous ont permis d'en déterminer les principales propriétés cristallographiques et optiques et de nous rendre compte des causes qui le rendent à première vue méconnaissable. La planche XXXIX (fig. 2) représente les sections les plus intéressantes de ce minéral, intercalées au milieu du calcaire.

On est immédiatement frappé, en examinant cette planche, de l'altération du minéral. Tous les contours en sont usés d'une part, et d'autre part l'échantillon est sillonné de nombreuses fentes remplies de calcite. C'est à la présence de cette calcite que le minéral, examiné à l'œil nu, doit sa coloration blanche.

CARACTÈRES CRISTALLOGRAPHIQUES.

Clivages. — Nous avons pu reconnaître :

1° l'existence d'un clivage extrêmement facile h^1, qui nous a permis d'obtenir des lames de clivage;

2° l'existence de deux clivages difficiles mm à 87° l'un de l'autre, visibles sur la section perpendiculaire à la zone du prisme.

On remarquera sur cette section les traces nombreuses du clivage h^1, bissecteur de l'angle supplémentaire de 87°.

Faces. — Nous avons reconnu sur la section g^1 la trace grossière de la face p faisant avec la trace de h^1 l'angle $ph^1 = 106°$ du diallage.

CARACTÈRES OPTIQUES.

Axes d'élasticité optique. — L'axe moyen n_m[1] est perpendiculaire au plan de symétrie g^1 et les deux axes extrêmes n_p et n_g sont contenus dans le plan g^1, qui se trouve être par suite le plan des axes optiques; n_g fait dans ce plan un angle d'environ 39° avec la trace de h^1.

Biréfringence. — Cette section g^1, d'épaisseur ordinaire $0^{mm},03$, est colorée en vert-jaunâtre entre les nicols croisés. Cette coloration correspond à une valeur de la biréfringence $n_g - n_p = 0,029$.

Axes optiques. — Il nous a été impossible, en raison de l'altération du minéral, de mesurer l'angle des axes optiques dans des

---

[1] Nous appelons n_g, n_m, n_p les trois axes de l'ellipsoïde inverse d'élasticité de Fresnel. On sait que les longueurs de ces trois axes sont les inverses des vitesses et peuvent être appelées les trois indices principaux de la substance. Nous distinguons le grand, le moyen et le petit indice par les lettres g, m et p.

plaques épaisses, mais nous avons pu néanmoins apprécier assez exactement cet angle en employant le procédé de von Lasaulx et en opérant sur une plaque mince perpendiculaire à la bissectrice n_g.

Nous avons pu constater ainsi que la substance est positive et que l'angle 2E de ses axes optiques (vu dans l'air) est d'environ 115°.

Les calcaires qui alternent avec les quartzites épidotifères et les schistes actinolitiques (pont d'Ifo, Agron, Canillas de Aceituno) diffèrent notablement des précédents.

Ils sont essentiellement caractérisés par la présence de l'épidote, qui manque dans les masses dolomitiques de la Tejeda, et présentent une grande ressemblance, signalée par MM. Michel Lévy et Bergeron, avec les cornes vertes du plateau central. L'épidote, moins beau et moins abondant que dans les quartzites, présente absolument les mêmes caractères; le quartz et la calcite, en mélange intime et en proportions relatives variables, forment la roche presque à eux seuls.

On y trouve en outre du sphène, très réfringent, très biréfringent, peu polychroïque et en petits cristaux montrant les faces $e^{1/2}$ et o^1.

L'actinote, la tourmaline sont parfois reconnaissables, ainsi que des lamelles de talc à un axe, des granules charbonneux, de minces lamelles de mica noir, toujours très localisées, de la chlorite, du zircon et du fer titané.

Le fer oxydulé est remarquable, dans certains cas, par son extrême abondance (S.O. de Canillas de Aceituno); il forme alors de beaux octaèdres très nets, simples ou maclés, réunis en grandes trémies à dispositions régulières, élégantes, très variées, et enfin des masses compactes où l'on ne distingue plus de contours cristallins. La roche passe alors à un véritable minerai de fer magnétique.

VI. — GYPSE.

Le gypse se trouve à divers niveaux dans la province de Grenade; nous nous bornerons ici à l'étude de celui des Alpujarras, que nous rapportons sans preuves suffisantes au terrain cambrien, et laisserons complètement de côté les gypses tertiaires du bassin d'Alhama.

Nous avons d'ailleurs très peu insisté sur le gisement du gypse des Alpujarras, n'ayant rien à ajouter aux excellentes descriptions, accompagnées de coupes, qui en ont été données par M. Gonzalo y Tarin [1]. M. de Botella [2], dans la province voisine d'Almeria, est arrivé à un même résultat. Le gypse des Alpujarras ne forme pas un niveau continu : il est disposé en couches lenticulaires vers la partie supérieure du cambrien, où des bancs calcaires alternent avec des lits schisteux, et toujours en dessous de la grande masse des calcaires triasiques.

Ce gypse est compact, d'un blanc-grisâtre sale (Lanjaron, Motril, la Mamola), formé de grains irréguliers, enchevêtrés, sans contours cristallins visibles au microscope [3]. Il est transparent, incolore, en lames minces; le clivage suivant g^1 est très marqué par de profondes stries parallèles, correspondant à l'extinction pour les sections de la zone ph^1.

Le principal intérêt de ce gypse est le grand nombre de minéraux étrangers qu'il renferme et qui rappellent le gisement du Kittelsthal (Thuringe) décrit par M. Senft [4]. Haussmann signala dès 1841, dans le gypse des Alpujarras, des cristaux de soufre, de

---

[1] Gonzalo y Tarin, *Descripc. geol. de la prov. de Granada* (Bol. Com. mapa geol. de España, t. VIII, 1881, p. 41).

[2] F. de Botella, *Descripc. geol. de la prov. de Almeria* (Bol. Com. mapa geol. de España, t. IX, 1882, p. 50).

[3] Fr. Hammerschmidt, *Beiträge zur Kenntniss der Gypsgest.* (Tschermak's min. Mittheil., 1882, t. V, p. 245).

[4] Ce gypse du Kittelsthal contient les mêmes minéraux que celui des Alpujarras, à part le soufre et la fluorine; il est par contre plus chargé en oxydes de manganèse. (Senft, *Der Gypsstock bei Kittelsthal*, Zeitschr. der deutschen geol. Gesell., Bd. XIV, 1862, p. 160.)

fluorine, d'oligiste, ainsi que des éclats clastiques des roches schisteuses voisines[1]. Le soufre est parfois assez abondant pour qu'on l'exploite en même temps que le gypse, d'après M. de Botella, dans la province voisine d'Almeria.

En outre des minéraux signalés par MM. Haussmann et de Botella, nous en avons reconnu un certain nombre d'autres en dissolvant le gypse dans de l'acide chlorhydrique ou dans des dissolutions saturées et chaudes d'hyposulfite de soude.

Un des plus répandus est le quartz en gros grains cassés, avec bulles mobiles, ou plus souvent encore en prismes hexagonaux terminés à leurs deux extrémités par des pyramides; ils ont généralement une teinte grisâtre et ne dépassent pas 3/10 de millimètre. Ils rappellent par leur forme les hyacinthes de Compostelle des couches gypseuses des Pyrénées espagnoles, voisines des ophites, ainsi que les beaux cristaux prismatiques des argiles fines, qui accompagnent les minerais de zinc dans la province de Santander[2].

Le mica blanc en paillettes irrégulières est également assez abondant dans le gypse; nous y avons reconnu en inclusions des granules de fer oxydulé et des microlithes de rutile maclés, présentant les mêmes caractères que dans les schistes de la région. Signalons enfin des cristaux de pyrite, de petits rhomboèdres très nets de dolomie et des fragments d'un minéral dichroïque vert qui est très probablement le chloritoïde.

Les minéraux inclus dans le gypse des Alpujarras se classent donc naturellement en deux séries distinctes : les uns sont identiques aux minéraux qui constituent les roches encaissantes, schistes et calcaires (dolomie, fer oxydulé, pyrite, mica blanc, chloritoïde, rutile, éclats de schiste); les autres sont inconnus dans les roches encaissantes (soufre, fluorine, quartz en prismes hexagonaux terminés).

L'analogie de ces derniers avec les produits habituellement dé-

---

[1] Haussmann, *Ueber das Gebirgssystem der Sierra Nevada*, Göttingen, 1841, p. 279.

[2] O'Reilly and Sullivan, *Geology of the province of Santander*, London, 1863, p. 129.

rivés de l'activité éruptive est frappante. M. de Botella[1] décrit du reste dans cette région une source (Fuente de la Familia) qui contient encore actuellement 128^r,702 d'acide sulfurique libre par litre.

Des émanations sulfureuses ont nécessairement dû se faire sentir sur le calcaire, qui a été ainsi par places épigénisé en gypse, conservant en inclusions, sans les modifier, les divers silicates que nous connaissions en place dans les roches encaissantes et que nous avons retrouvés dans le résidu de la dissolution des gypses. Le gonflement, dû à la transformation du calcaire en gypse, explique la présence des éclats anguleux de schiste qu'on y observe, ainsi que les dislocations et les dérangements de couches que l'on constate toujours sur le terrain au contact de ces gypses. L'étude lithologique du gypse des Alpujarras vient donc confirmer pleinement l'opinion que MM. Gonzalo y Tarin et de Botella avaient émise sur son mode de formation, en se basant seulement sur sa disposition stratigraphique.

[1] F. de Botella, *Descripc. geol. de Almeria* (*Bol. Com. mapa geol. de España*, t. IX, 1882, p. 88).

TABLE DES MATIÈRES.

	Pages.
Introduction géographique	79

PREMIÈRE PARTIE. — STRATIGRAPHIE.

CHAPITRE PREMIER.

I. Description géologique des monts de Velez Malaga : sierra Tejeda, sierra de Alhama, sierra de Almijara.................................... 81

CHAPITRE II.

I. Description géologique de la sierra Nevada....................... 91
II. Description géologique des Alpujarras........................... 100
III. Structure stratigraphique de la chaîne bétique.................. 115

DEUXIÈME PARTIE. — PÉTROGRAPHIE.

CHAPITRE PREMIER.
ROCHES FILONIENNES.

I. Filons de roches acides.. 120
II. Filons de roches basiques..................................... 122
III. Granulites gneissiques....................................... 122

CHAPITRE II.
ROCHES SÉDIMENTAIRES ET CRISTALLOPHYLLIENNES.

I. Micaschistes... 125
    A. Micaschistes grenatifères................................. 126
    B. Micaschistes à andalousite et à staurotide................. 129
    C. Micaschistes feldspathiques et gneiss granulitiques........ 134

	Pages.
II. Schistes..	136
A. Schistes satinés......................................	136
B. Schistes à chloritoïde................................	138
III. Quartzites...	145
IV. Amphibolites..	148
A. Schistes actinolitiques................................	148
B. Amphibolites à amphibole sodifère......................	149
C. Amphibolites grenatifères (éclogites)...................	156
D. Gneiss amphiboliques.................................	157
V. Calcaires..	159
VI. Gypse...	167

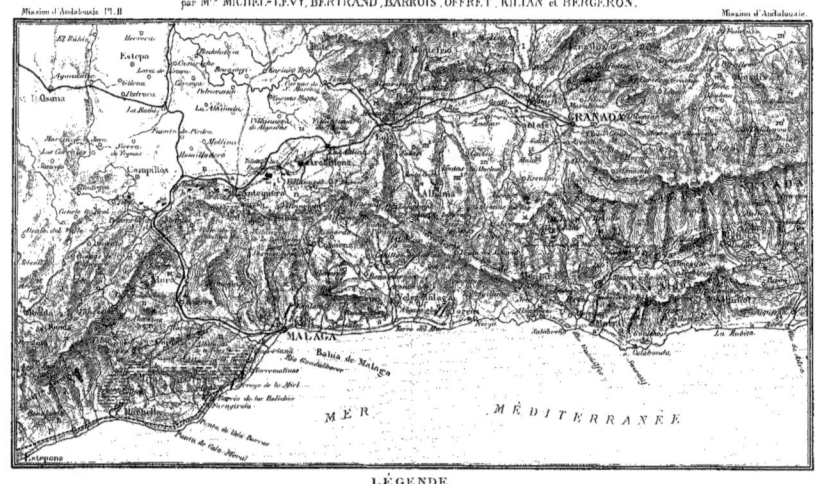

PL. XII.

SIERRA ALMAGRA
Région de la Fuensanta

PL. XIII

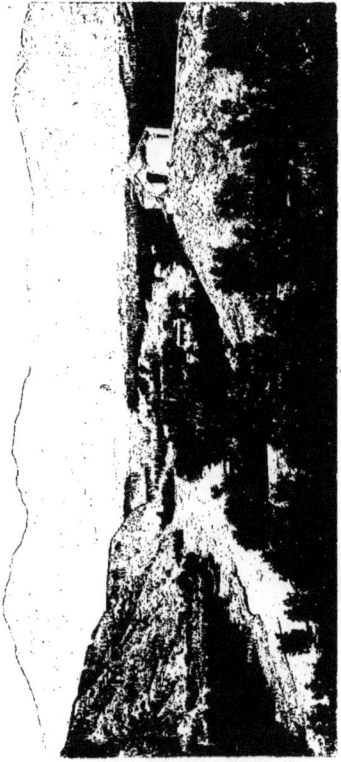

RAVIN CREUSÉ DANS LES CAILLOUTIS MODERNES PRÈS DE VALAIA
Plaine de Grenade. Dans le fond, la Sierra Nevada

PLANCHE XXXVIII.

PLANCHE XXXVIII.

Fig. 1.   **SCHISTE À CHLORITOÏDE.**
            Motril. (Voir p. 138.)

Grossissement = 80 diamètres. Lumière polarisée. Un seul nicol à section principale verticale.

Cette roche se trouve interstratifiée dans les Schistes à Séricite des Alpujarras.

Quartz (1). Tourmaline (24). Fer oxydulé (29). Fer oligiste (30). Rutile (50). Chloritoïde (51).

Fig. 2.   **MICASCHISTE À ANDALOUSITE ET À STAUROTIDE.**
            Rambla de la Mamola. (Voir p. 129 et 131.)

Grossissement = 30 diamètres. Lumière polarisée. Un seul nicol à section principale verticale.

Cette roche cristallophyllienne, d'origine métamorphique, constitue la plus grande partie de la sierra Nevada.

Quartz (1). Séricite (2). Mica noir (19). Grenat (25). Fer titané (31). Andalousite (41). Staurotide (43).

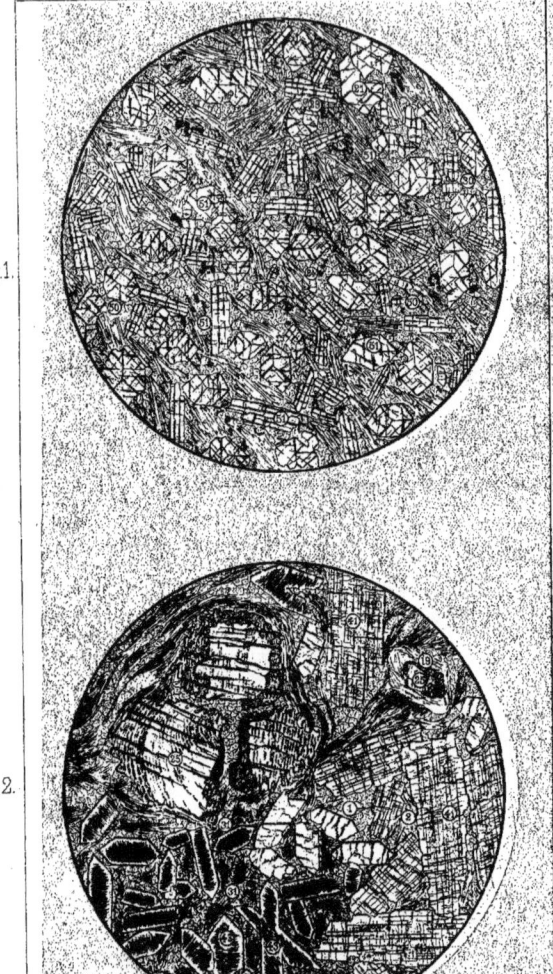

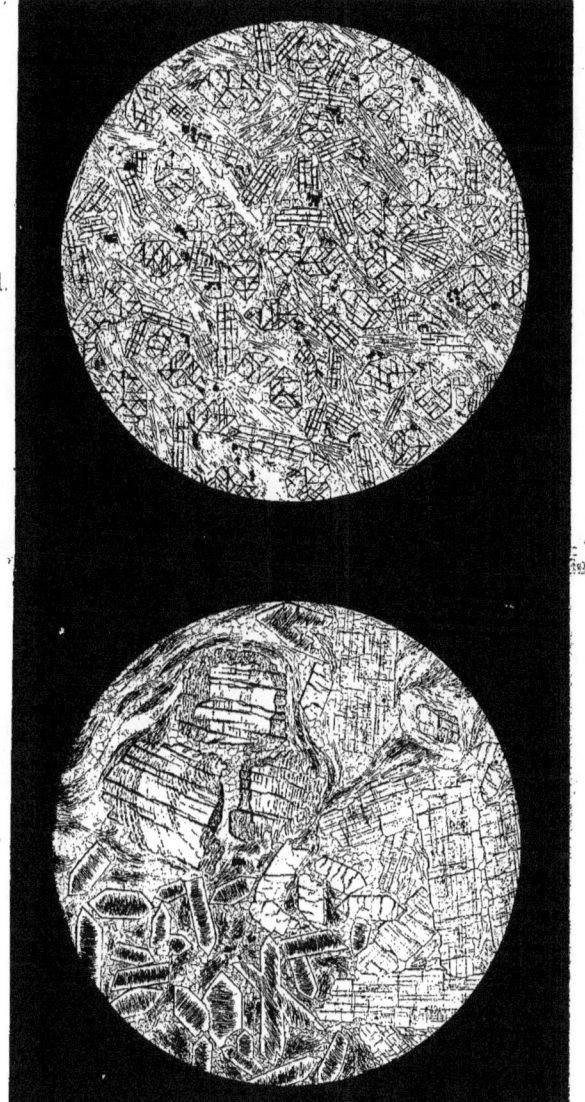

PL. XXXVIII.

MM. Barrois et Offret. Mission en Andalousie.

Fig. 1.

Fig. 2.

E. Jacquemin, ad. nat. Pinx et Lith. Imp. Edouard Bry, Paris.

PLANCHE XXXIX.

PLANCHE XXXIX.

Fig. 1.   **AMPHIBOLITE À AMPHIBOLE SODIFÈRE.**
Rio de Lanjaron. (Voir p. 149.)
Grossissement = 30 diamètres. Lumière polarisée. Nicols croisés.

Cette roche stratiforme est intercalée dans les Micaschistes primitifs.

Mica blanc (2). Sphène (14). Amphibole sodifère (21). Hématite (30). Épidote (35). Rutile (50).

Fig. 2.   **CALCAIRE À DIALLAGE.**
Jatar. (Voir p. 164.)
Grossissement = 30 diamètres. Lumière polarisée. Nicols croisés.

Cette roche forme un banc mince dans les dolomies intercalées dans le Gneiss des environs de Jatar.

Calcite et dolomie (49).

Diallage (20). Actinote (21). Fer oligiste (30). Épidote (35).

Pl. XXXIX

MM. Barrois et Offret. — Mission en Andalousie.

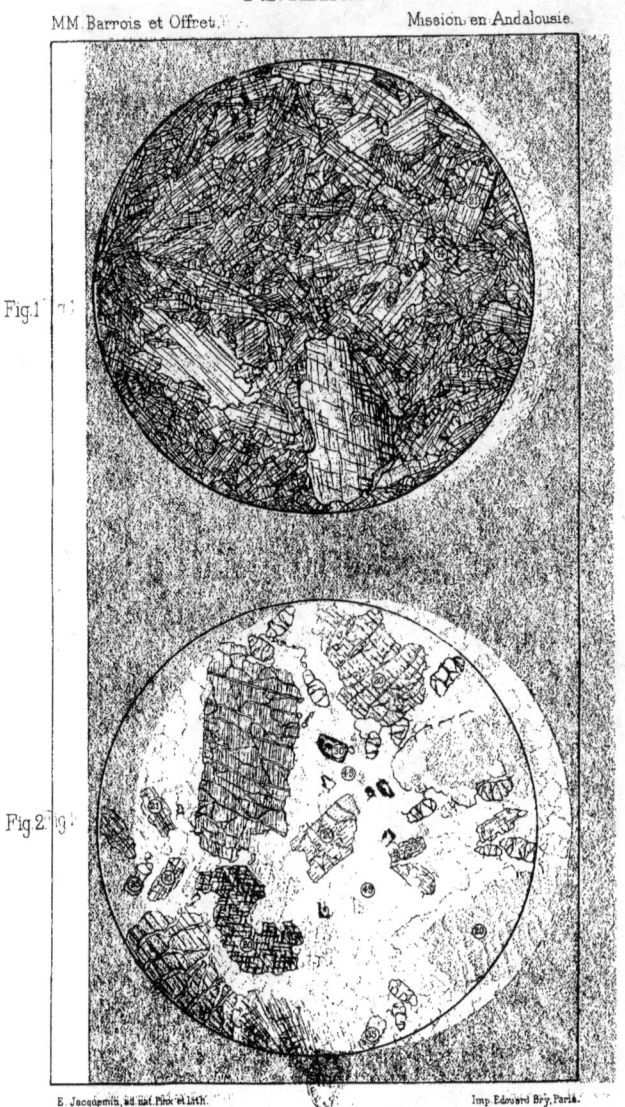

Fig. 1.

Fig. 2.

E. Jacquemin, ad. nat. pinx. et lith. Imp. Edouard Bry, Paris.

PL. XXXIX.

MM. Barrois et Offret.   Mission en Andalousie.

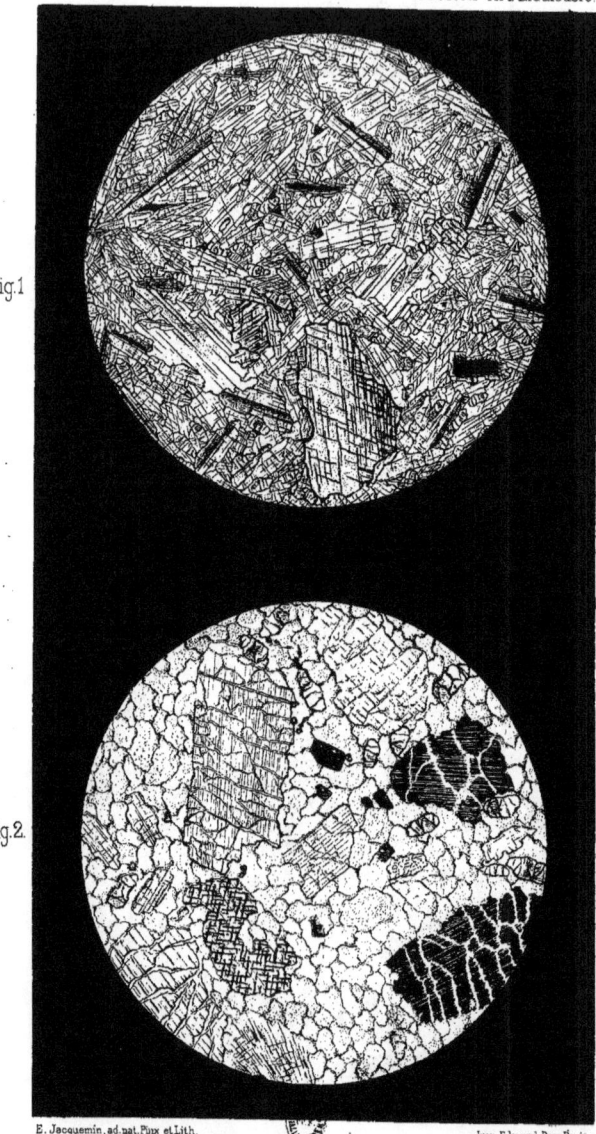

Fig. 1

Fig. 2

E. Jacquemin, ad. nat. Pinx et Lith.   Imp. Edouard Bry, Paris.

www.ingramcontent.com/pod-product-compliance
Lightning Source LLC
Chambersburg PA
CBHW070523100426
42743CB00010B/1928